井戸美枝

専業主婦で儲ける!

サラリーマン家計を破綻から救う世界一シンプルな方法

講談社+α《プラスアルファ》新書

はじめに

祖母はいつも働いていました。

家の外ではお金になる仕事、家の中では掃除、洗濯、炊事、片づけなど、常に体を動かしていて、じっとしていることがありません。働き者の祖母の娘、つまり私の母も働き者です。もちろん、父も働き者でした。

しかし、なぜ日本人はこうもよく働き、動くのでしょうか。とくに女性は。文化、なのでしょうか。

こうしたまじめな働きぶりは日本人なら誰しも納得するところですが、たぶん江戸時代にスタートし、明治以降、ブラッシュアップされたものかもしれません。でも、これだけまじめにきちょうめんに働き、動き続けることと、「生活の豊かさ」や「ゆとり」とのあいだには、大きなギャップを感じます。

家庭と女性を考えるとき、個人的な見解として、一定の方向性が出ていると思っています。それは、1959年、つまり56年前に発表された梅棹忠夫《うめさおただお》（1920－2010）の論文です。タイトルは、「妻無用論」（『女と文明』所収）。

タイトルだけで判断していただきたくないのですが、梅棹忠夫は、この論文で将来予測をしています。つまり、「将来こうなるであろう」という社会において、妻、すなわち家庭における女性はどうあるべきかを問うているのです。

論文では、最後の部分にあたりますが、「女の男性化というといいすぎだが、男と女の、社会的な同質化現象は、さけがたいのではないか」と述べています。この文章の背景には、1966年に発表された「情報産業社会と女性」（同前）という文章でまとめられていますが、「工業時代は男女の差を拡大する傾向にあり、一方、情報産業の時代では、その差がミニマムになっていく」という予測がバックボーンとしてあるわけです。

50年ほど前に、現在の傾向をすでに予測しているわけですが、私たちがいま考えるべきは、今後よりいっそう、男と女が同質化、つまり性差を見るよりも、ひとりひとりを人として見ることが大切であり、女というだけで家庭にとどめるのがよいのかどうか、ということです。すでに答えはあきらかになっているように思えるのですが。

家庭での女性の役割は、「主婦役割」と「母親役割」だといわれます。そして、梅棹忠夫は、必要以上の家事労働を「擬装労働」と呼びます。家庭外の専門業者が肩代わりするようになる時代のもとでは、家事労働担当者としての妻の存在意義が薄れていくと指摘し、妻であることをやめることが脱出口である、と述べています。

それでは、子どもはどうするのか——という反論があるわけですが、育児こそ最大の擬装労働だと梅棹忠夫は考えます。「母という名の城壁の中から、一個の生きた人間としての女を救い出すには、いったいどうしたらよいのだろうか」と問うのです。梅棹忠夫は、数多くの民族社会を研究しており、「家事役割」や「母親役割」を、日本人の単視点だけでなく、比較文明論とでもいうのでしょうか、多様な視点から捉《とら》えています。その観点から眺《なが》めると、日本という社会の仕組みは、女性にあまりに重い負荷がかかるものとなっていると気づいたのでしょう。

50年以上にわたり「主婦」に関する論争はいくどとなく繰り広げられ、現在にいたっています。梅棹忠夫の論文は、「妻無用論」というショッキングなタイトルでしたが、家庭に従属しているがごとくの「妻」であるなら「無用」であり、ともに生きる人生の伴侶《はんりょ》、パートナーとしての配偶者であれ、と言いたかったのだと思います。時代はいま、梅棹忠夫が予測した方向へと進んでいます。

以上は総論ですが、課題は各論にあります。

「主婦役割」と「母親役割」を、実際の生活においてどう乗り越えていくのか。男性からすると理解しにくいかもしれませんが、「主婦役割」と「母親役割」というのは、精神的にもそうですが、膨大な量の実作業をともないます。家事の合理化による家事労働の軽減がない戦前は、優秀な女性が朝から晩までこまめに一生懸命働いて、ようやくつとまるものではなかったかと思います。そのうえ、夫をはじめ舅《しゅうと》姑《しゅうとめ》や親族など評価する人間が近くに多くいるのです。そのため、祖母や母はいつも働いていたわけです。

家事の実力は個人によって異なり、ピンからキリまであります。ピンは、職人のようなレベルでこなす家事から、なんとかやっているというアマチュアのレベル、そして生活能力が問われる低レベルまでいろいろです。ところが家庭にあっては、女性たちに求められるレベルが常にピン。最上級は無理だとしても、上級をめざすことが求められてきたのです。

でも本当は、必要最低限のレベルでもよかったのではないでしょうか。

具体例を見てみましょう。

幸田文《こうだあや》と森茉莉《もりまり》、二人は明治文豪の娘です。

幸田文の父は幸田露伴《ろはん》。第１回文化勲章の受章者で、文章があまりにむつかしいため現在では読まれなくなっている明治の文豪です。森茉莉の父は森鷗外《おうがい》。陸軍の軍医として最高位につき、その後、帝室博物館総長をつとめるなど公私にわたり活躍した文豪です。

幸田文は１９０４（明治37）年、森茉莉は１９０３（明治36）年に生まれました。育った時代は明治に続く大正。森茉莉は10代で若くして結婚し、子どもをもうけますが離縁。そして再婚したものの、再び離縁しています。いまふうに言えば、子ありのバツ２です。一方、幸田文は24歳で結婚。子どもをもうけましたが、34歳で夫の病気のため離婚。36歳のときに元夫と死別します。

奇遇と言うべきか、二人とも子どもを連れて実家に戻ることになります。そして、40代後半の二人に、世の中が大きく変化する戦後の時代がやってきます。二人は作家活動を本格化させ、結果として文筆業を生業《なりわい》としたのです。文豪の娘だからといって、親の七光りだけで作家としての地位を得られることはありません。やはり、才能と努力ということになります。

私がこの二人に注目するのは、家事を含む家庭の維持力です。

ネットで検索するとすぐわかりますが、幸田文の写真は、ほとんどが和服姿です。つまり、和服が生活の中で自然な姿であったということです。一方、森茉莉は写真嫌いということで枚数が少ないのですが、10代の和服以外は洋服です。

まず、幸田文の父である幸田露伴は、家事全般ができる作家でした。なぜ家事ができるのかというと、作家で生計が成り立つまで、男女の別なく「稼《かせ》ぎのない者」として家事を実家でやらされたということがあります。母親からのきびしい指導があって習得したもののようでした。そして、幸田文は5歳のとき母を亡くし、露伴は再婚するのですが、13歳ごろから生活技術全般の教育を父である露伴から受けているのです。

その文章から読み取る限り、職人レベルの家事だと思えます。江戸時代にさかのぼることのできる伝統的な家事です。これは、露伴が文に残した目に見えない財産となり、生涯、凛《りん》として生きるバックボーンを与えることになったのではないかと思います。

一方、森茉莉は、鷗外をはじめ数多くの人から溺愛《できあい》され、何不自由なく育てられます。もちろん、マナーや家事なども教えられていたと思います。しかし、一人暮らしをしているときはもちろん、作家となったのちも、たとえば交流のあった室生犀星《むろうさいせい》は家が散らかった様子などから、彼女の生活能力についておおいに心配したといわれます。

さて、この二人を取り上げたのは、現在の日本の女性について考えるとき、「幸田文」族と、「森茉莉」族に分けることができるのではないか、と思うからです。

伝統的な家事力を身につけた「幸田文」族は、戦前までは主流派でした。ところが戦後になって急速に衰退《すいたい》し、現在では稀少《きしょう》というより、もはや絶滅の危機に瀕《ひん》していると思います。一方、家事は自分の好みのレベルに合わせるという「森茉莉」族は、すでに主力です。

家事の合理化・省力化は現在も進行中で、その結果、「森茉莉」族の家事レベルは時とともに自然と底上げされています。しかし、日本人には「幸田文」族への憧憬《しょうけい》、郷愁の念が強く残っているというのが現状ではないかと思います。

次に、「母親役割」ですが、梅棹忠夫のようにばっさりと「擬装労働」と切り捨てることは心情的にはむずかしいかもしれませんが、やはり幸田文と森茉莉を見ていると、「親はなくとも子は育つ」というところから考えることができると思います。

それでは、「主婦役割」「母親役割」から、身も心も軽くなった主婦はどうするのか。いくぶん後退しているかもしれませんが、こまめに働き続けるという日本女性のＤＮＡは現在も生き続けていると信じています。

家庭の中にある潜在する力を、いかに引き出すのか。

それを考えたのが本書です。

本書を作成するにあたり、数多くの方々からのご協力やご支援をいただきました。とくに企画および執筆にあたって講談社第一事業局企画部の村上誠氏には、たいへんお世話になりました。感謝申し上げます。

２０１５年7月

井戸《いど》美枝《みえ》

◉目次

第1章　専業主婦が働くと家計はみるみる改善される

第2章　お金の自由度を上げると、生活が安定する

第3章　どうすれば妻はよろこんで働いてくれるのか

第4章　家庭のタイプ別、理想の働き方

序　章　「働いても貯まらない」は家計破綻の前兆

ボーナスで赤字補塡の危険な家計

「月末になると、どうしても赤字になってしまうのです」

37歳の専業主婦Aさんから、「将来に向けて家計を見直したい」との相談を持ちかけられ、話を聞いてみると、Aさんは真っ先にそう訴えてきました。

Aさんは、会社員の夫（40歳）と子ども（3歳）の3人家族。夫の月収は手取り（社会保険料や所得税、住民税などを差し引いた金額）で30万円。月額家賃7万5000円の賃貸住宅に住んでいます。月の収支が赤字なので、毎月の貯蓄はゼロ。

「いまのままでは、教育費を貯めることができません。マイホームだって欲しいのに……」

無駄遣いはしていないはずなのに、なぜか赤字になってしまう。同じような家庭が昨今非常に増えています。

2014年に内閣府が発表した国民経済計算確報における「家計貯蓄率」（2013年度）によると、家計貯蓄率はマイナス1・3%でした。なんだ、みんな貯蓄できていないのね……と安心してはいけません。このデータは、「日本国全体としての家計可処分所得や家計貯蓄額」をもとに算出したもの。つまり、高齢者や無職世帯などの勤労所得者以外も含まれています。

２０００年代には５％程度に低下し、13年度にはマイナスに転じています。結果、家計貯蓄率も減少し、マイナスに移行しています。確かに国全体で見れば、貯蓄率は減少しているように見えますが、年金のみの生活者などは貯蓄を切り崩して生活していますから、高齢者が増えれば家計貯蓄率が減少するのは当然のことなのです。

それでは、国全体ではなく、勤労者世帯での家計貯蓄率を見てみましょう。総務省統計局の「家計調査」によると、10年程度で２％程度減少しています。これを年齢階級別にすると、20代後半、30代前半では、黒字で安定。とくに30代前半は、前年より２％増えています（14年度）。40代後半と50代後半は、黒字率は上がっていますが、50代前半は下がり気味。高齢者の黒字率は減少している、といった結果です。

ここからわかるように、すべての世帯で等しく貯蓄率が減ったわけではなく、若年層、中堅層は「黒字」なのです。

さて、Ａさんは40歳です。家計を黒字で安定させるためにはどうすればいいのでしょうか。

Aさんもそうですが、日本人は「節約」「貯蓄」好きで、コツコツしっかり貯めていると思っています。そして、自分自身もそうしている〝つもり〟になっています。ところが、現実はとっくにそれを許さない家計状況になっているのです。にもかかわらず、その思い込みにあぐらをかいて、自分の家計の実態すらほとんど把握《はあく》できていない。

こうしたケースではまず、「家計簿をつけていますか?」と聞くことにしています。なぜなら、赤字家計の家庭の大半が、家計簿や記録をつける習慣がないからです。

Aさんもやはり、「家計簿をつけたことはありません。家計簿をつけるにしても、家計を見直すにしても、とにかく何から始めたらいいのかわからないのです。夫からも、『やりくりがへただから赤字になるんだ』と怒られるんです。赤字はボーナスで補塡《ほてん》しているので、自由に使えるお金も少なくて」と本当に困った様子です。

いったい毎月どれだけの手取り収入があって、どの程度使うことができて、月々どれだけ必要不可欠な出費があるかひとつも把握していないのは、目隠しをして高いところに張ってあるロープを渡っているようなものです。足を踏《ふ》み外せば、一瞬にして奈落《ならく》の底にまっさかさま。

毎月の赤字の補塡も、貯蓄も、結局はボーナスが頼りという〝綱渡り〟状態の家計では、いつか破綻《はたん》するときがやってくるのは明白です。なにしろ、最近は業績連動型ボーナスが定着し、会社の業績が悪化してボーナス額が激減することも珍《めずら》しくありません。実際にそうなったら、家計はたちまち行き詰まってしまいます。

こんな〝危ない橋〟を渡っている家庭が増えています。

あなたの家は大丈夫でしょうか？

食費も車両費もあえて削らない

Aさんは家計簿をつけたことがないということなので、まずは1ヵ月分のレシートやクレジットカードの利用明細を集めて集計、一覧表を作ってもらいました（次ページ図表1参照）。

一覧表を見てまず気がつくのは、食費が多めなこと。月5万6000円という金額は、子どもがまだ3歳であることを考えると少々多すぎます。

家計簿（改善後）

（円）

A家	
夫の月収（手取り）	300,000
妻の月収（手取り）	80,000
1ヵ月の収入合計	380,000
支出	
住居費	75,000
食費	56,000
電気代	10,000
ガス代	10,000
水道代	10,000
通信費	21,000
日用品・雑費	7,200
車両費	28,000
教育費	2,500
趣味・レジャー	4,300
家族のこづかい	30,000
保険料	10,000
その他	5,000
1ヵ月の支出合計	269,000
月々の貯蓄	111,000
1ヵ月の収支	0
ボーナス収入（年間総額）	1,400,000
現在の貯蓄総額	0

地方の戸建てに在住

その他には「おつきあい」の費用も入っていました。こづかいの中でやりくりをします。

図表1　Aさんの家計改善

家計簿（改善前）

(円)

A家	
夫の月収（手取り）	300,000
妻の月収（手取り）	0
1ヵ月の収入合計	300,000
支出	
住居費	75,000
食費	56,000
電気代	23,000
ガス代	15,000
水道代	21,000
通信費	21,000
日用品・雑費	7,200
車両費	28,000
教育費	2,500
趣味・レジャー	4,300
家族のこづかい	30,000
保険料	50,000
その他	16,000
1ヵ月の支出合計	349,000
月々の貯蓄	0
1ヵ月の収支	−49,000
ボーナス収入（年間総額）	1,400,000
現在の貯蓄総額	0

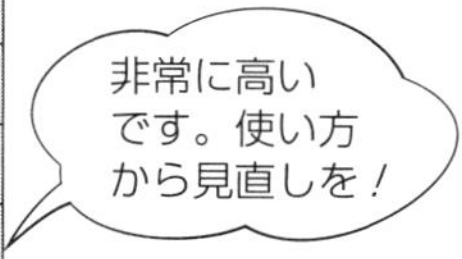

理由を聞いてみると、Ａさんは料理が好きで、「いろいろな食材を買ってこだわり料理を作っています」という話でした。そこで、食費はそのままにしておきました。おいしい料理は、なにより家族に喜んでもらえますし、Ａさんのストレス解消にもなっているはずです。また自分で作っているので、外食の機会や金額を減らす効果があるとも考えられるからです。

車両費２万８０００円も多いのですが、夫が「車が好きでこだわりがある」ということなので触らないことにします。

削減する費目は、「水道光熱費」「保険料」「その他」です。

まず水道代が高すぎます（Ａさん一家は地方の戸建てでしたが、月に２万円超という金額は驚きでした）。たとえば毎日交換している風呂の水を一日おきにするだけでも、標準的なバスタブで一回あたり２００リットル程度の節約になります。また、シャワーを効率的に使うようにするだけで節水できます。とはいえ、下水道使用料金が高く、節水だけでは効果が薄い自治体もあるので、目標を「光熱費水道代全体で月３万円」としました。

大きな問題が保険料。こうした家庭は意外にたくさんあるのですが、収入に対して多すぎます。子どもがまだ小さいので、夫に万が一のことがあったときのリスクに備えるため、夫の死亡・医療保険（保険料1万円）を残して残りは解約してもらいました。

「その他」の費目も気になります。詳《くわ》しく見てみると、クリーニング代やおつきあいの食事代などが含まれていました。「その他」という費目は、何でも入れることができるので、〝家計の隠《かく》れ蓑《みの》〟になりがちです。もう少し、内容をはっきりさせたほうがいいでしょう。また日用品・雑費という費目ともかぶっています。

そこで、おつきあい代はこづかいに入れてもらい、その他を5000円にしました。

こうして、家計の各費目にかけるお金の配分を見直しただけで、妻と夫の趣味には手を付けずに赤字状態を解消させることができました。

ただ、このままでは将来に向けての貯蓄ができません。

ここで、さらに家計を削《けず》って節約するよりもっといい方法があります。Aさんには、パートで働くことをおすすめしました。

毎月8万円程度の収入を得て、その分を貯蓄に回すことができれば、年間96万円。赤字家計の解消で浮いたボーナスも加算すれば、年270万円になります。

これらを貯蓄に回していけば、子どもが将来、中学受験をするとしても、まだ10年近い余裕があるので教育費も心配なく貯めることができます。マイホームを買うつもりなら、頭金も貯まるでしょう。

月8万円貯めても貯まらない⁉

「毎月8万円の貯蓄ができているのに、貯蓄額が増えないのです」

今度は35歳の専業主婦、Bさんから不思議な相談がありました。38歳の会社員の夫と二人暮らし。子どもはいません。

「早めにマイホームを買いたいので、必死に頭金を貯めているところです。毎月やりくりをして8万円の貯蓄分を捻出《ねんしゅつ》しているのに、一年間を振り返ると貯蓄が増えていないのです」

月収は手取り33万円。家賃補助が5万円含まれているので、家賃12万円の賃貸住宅（共益費、駐車場代込み）に住んでいます。

「食費とこづかいが多いのはわかっています。食費が多いのは、夫婦で外食が好きだから。

週末は二人で食事に出かけます。おこづかいは普通の家庭よりも多めだと思っているのですが、削れなくて」

1ヵ月の収支を計算したところ、貯まらない理由はすぐにわかりました（次ページ図表2参照）。

確かに8万円の貯蓄をしているのですが、一方で月に約11万円もの赤字が生じていたのです。そのため貯蓄をしてもすぐに赤字分の補塡で引き出し、しかも、貯蓄額よりも3万円も多く引き出すため、年間では33万6０００円の赤字。ボーナス80万円を全額貯蓄に回しても46万４０００円しか増えません。

Bさんの頭の中では、毎月8万円×12ヵ月＝年間96万円の貯蓄。これにボーナスの80万円を加えて、年１７６万円を貯めていることになっています。だから、「貯蓄額が増えない」というBさんにとって〝ミステリアスなこと〟が起こっていたのです。

一気に10万円の黒字化に成功！

Bさんのことを笑うことはできません。

家計簿（改善後）

（円）

B家	
夫の月収（手取り）	330,000
妻の月収（手取り）	150,000
1ヵ月の収入合計	480,000
支出	
住居費	120,000
食費	55,000
電気代	10,000
ガス代	5,000
水道代	3,000
通信費	18,000
日用品・雑費	5,000
車両費	5,000
教育費	2,000
趣味・レジャー	30,000
家族のこづかい	40,000
保険料	10,000
その他	—
1ヵ月の支出合計	303,000
月々の貯蓄	80,000
1ヵ月の収支	97,000
ボーナス収入（年間総額）	800,000
現在の貯蓄総額	2,000,000

マイホームの
頭金積み立て

マイホームを持つと
生活費も変わるため、
早く資産を増やして
おきたい

図表2　Bさんの家計改善

家計簿（改善前）

（円）

B家		
夫の月収（手取り）	330,000	家賃補助 50,000円込み
妻の月収（手取り）	0	
1ヵ月の収入合計	330,000	
支出		
住居費	120,000	共益費、駐車場込み
食費	55,000	
電気代	10,000	
ガス代	5,000	
水道代	3,000	
通信費	18,000	
日用品・雑費	5,000	
車両費	5,000	ガソリン代
教育費	2,000	
趣味・レジャー	30,000	帰省など
家族のこづかい	70,000	
保険料	35,000	
その他	—	
1ヵ月の支出合計	358,000	
月々の貯蓄	80,000	
1ヵ月の収支	−108,000	
ボーナス収入（年間総額）	800,000	
現在の貯蓄総額	2,000,000	車を一括購入後

誰でもそうだと思いますが、〝いいこと〟は記憶に残りやすいのですが、〝都合の悪いこと〟は忘れがちです。Bさんのケースでは、「貯蓄を月8万円している」という〝いいこと〟だけが記憶に残って、「毎月お金が足りなくなって、少額ずつ下ろしている」という〝都合の悪いこと〟をあまり意識できていなかったのです。

こういう家庭は、思いのほか多いものです。

では、Bさんはどのように家計の見直しをすればいいのでしょうか。

食費に含まれる外食は、夫婦でステキな時間を作るための必要経費として減らしません。趣味・レジャー費が高いのですが、「夫婦とも実家が遠いためお金がかかる」ということなので、旅費の積み立てを兼ねているということにします。

ただ、7万円のこづかいは多すぎる印象です。本当は手取りの10％に抑えて3万円としたいのですが、まずは4万円まで下げることにします。

保険料は3万5000円から1万円へ。1ヵ月の支出合計は35万8000円から30万3000円へ減り、赤字は解消されました。でも、貯蓄額は8万円のまま。「早めにマイホームを買いたい」というBさんの希望は、このままでは叶《かな》いません。

そこでBさんは、働くことを決意します。もともと働くことは好きでしたし、大手企業で8年程度の経理の経験があるので、地元の中規模企業の正社員募集に応募しました。

Bさんの大手企業の元社員という経歴は、効果があったようです。募集企業からは、経理の能力だけでなく、「受け答えがきちんとしているので、電話の応対や接客も期待できる」と評価されて、採用に至りました。

正社員とはいえ、地元の中規模企業なので給料は高いとはいえません。それでも、手取りで15万円になり、福利厚生も利用できます。厚生年金にも加入したので、将来の年金額も増えることでしょう。

さて、Bさんの収入が加算されると、8万円の貯蓄分を差し引いても収支は9万7000円の黒字になりました。もちろん貯蓄へ回すのですが、Bさんはこれにより頭金を貯めつつ、万が一の備えとしての貯蓄もできるようになりました。

劇的に家計を改善する2つの条件

Aさん、Bさんのケースを見て、「家計の見直しというのは、もっとあれこれ削っていくものではないの?」と思ったのではないでしょうか。

雑誌などでよくある「家計の見直し」企画では、食費を削り、通信費を削り、水道光熱費も、こづかいも、車両費用も……というように、ほとんどの費目を少しずつ削って無駄をなくしていきます。その方法は確かに〝正しい〟のですが、しかしそれで、毎日の生活にうるおいが保てるでしょうか。

夫婦で毎週末外食デートをしているというBさんの家庭はステキですよね。それを捨てて、家計の見直しのために「外食は控えて2万円節約しましょう」と機械的に答えを出すことは〝いいこと〟なのでしょうか。

Aさん夫婦だって、妻は料理の腕を振《ふ》るうのが趣味、夫は車が趣味というのなら、その部分は大切に残したいではありませんか。

だからといって給料は、そうそう上がりません。「節約」「家計改善」「生活のうるおい」

をすべて満たす方法はないものでしょうか。

実は、「ある条件」が揃《そろ》っていれば、それはカンタンに実現できてしまいます。その条件とは、もうおわかりですね。

①「専業主婦」の妻がいる家庭であること

そして、

②専業主婦に「働いてもらう」こと

つらい節約や、小難しい資産運用や、夫が出世などして100万円の給料アップを果たすより、専業主婦が働きに出て年100万円程度稼《かせ》ぐほうがはるかにカンタンですし、たったこれだけで、確実かつ劇的に家計の改善ができてしまいます。

専業主婦の仕事というと、スーパーのレジ打ちや、ファミリーレストランなど飲食店のウエイトレス、ショップ販売員、会社の事務、食品工場の仕事などをイメージする人が多いと思います。しかしいまや、Bさんが前職の経験を生かして正社員に採用されたように、やろうと思えばより専門職的な仕事だってできるようになってきています。活躍の幅が広がっている、ということです。

専業主婦といっても、ひと昔前とは違って、学歴や職歴のある方がたまたまいま、専業主婦をしているというケースも多いのです。能力もありますし、なにより現在、社会がそうした女性たちの労働力を必要としています。そのため、想像以上にたくさんの元専業主婦が、いろいろな分野へ進出しています。この流れを利用しない手はありません。

話し好きな人に人気の「テレマ」

まずは専業主婦だった人が、どんな仕事に進出しているのか見てみましょう。

おしゃべり好きな女性は多いですよね。初対面でも気軽に話せるという人たちに人気なのが「テレマ」という職業。保険などの勧誘の電話をかけたり、資料請求の依頼を受けたりする「テレマーケティング」のことです。

この仕事のよさは、時間や服装が自由で、マニュアルがしっかりしているところ。多くの会社で自己申告のシフト制を採用していて、面接に行くと「10時から20時の間で、30分単位でご都合に合わせて働くことができます」というふうに説明されます。小さい子どもを保育園に預けて働く人にはうれしいですね。

電話を掛ける仕事なので服装が自由であるため、何着もスーツを用意する必要がありません。働く時間を調整することもできます。しかも、この業界はマニュアルが充実しているので、「勧誘の台詞《せりふ》は棒読みでも大丈夫なほど。お客様から質問されてもほとんどマニュアルのQ&Aに載っています」と経験者の方。

こちらから電話を掛けて勧誘する発信業務は、時給が高い分、ノルマを課せられることがあるので、お客様の電話を受ける受信業務のほうが初心者には向いています。

「好き」を生かしたユニーク仕事

体を動かすのが好き、現場仕事がいいという人には「警備員」という仕事もあります。アルバイト感覚の警備員と聞くと、工事現場での交通整理のような仕事を思い浮かべるかもしれませんが、握手会のようなイベントの警備（イベントスタッフ）、女性タレントの控え室警備、女性専用エリアの警備といった警備の仕事もパートで用意されています。

パートの警備員では、混乱が起こったときに対処できないのではないかと不安になりますが、経験者によると、訓練を積んだ男性の警備員が待機して、万が一の状況に備えているので安心していいそうです。ちなみに、鉄道好きな「鉄子《てつこ》」さんには、工事区間を通過する電車の見張りという警備の仕事もありますよ。

オークションが好きな人に大人気のパートもあります。

個人がオークションサイトに出品するとき、商品の状態をチェックして、品物の画像を撮影し、サイズを測《はか》り、紹介文を書きますよね。これと同じ作業を仕事としてやってくれる人を、オークションサイトに出店しているショップが求めています。そこのスタッフとしてブランド品の撮影、サイズ測定、商品のデータをパソコンに入力するという仕事です。オークションが好きな人なら、新たに研修を受けなくても、いつもやっているのと同じことをやるだけでお金になります。ネットの仕事なのでシフトも、服装も、髪型も自由です。

主婦のスキルを生かした仕事

専業主婦のスキルがそのまま生きる仕事としては、家事代行があります。仕事の内容は洗濯して干《ほ》してたたむまで、バスルーム・洗面所・トイレ・キッチン・部屋などの掃除、ほかにごみ出しなど。

お客様とはいえ、相手が男性だった場合、部屋へ入るのには抵抗があるかもしれませんが、経験者によると「二人一組なので安心して働けます」。日常の家事の延長なので、特別なスキルが不要であるところもいいそうです。

ただし家事が雑な人はダメ。また外でも家事、うちでも家事をすることになり、「メリハリがつきにくい」ことは覚悟《かくご》しておきましょう。

また、いまはホテルの仕事もパートの主婦が担《にな》っています。競争が激しいビジネスホテル業界のメインの働き手は、主婦なのです。

チェックイン・アウトの受付や宿泊予約の電話応対、パソコン入力、問い合わせ対応などが主な仕事です。ホテルの場合、研修制度がしっかりしているので、未経験でも大丈夫。

経験者によると、「ホテルで身につけた接客のスキルは、ほかの仕事でも役立ちます。時給をもらいながら接客スキルを磨《みが》いていると思うと、すごくお得感がある」そうです。

また、部屋の清掃やベッドメイキングなど、ルーム清掃の仕事もあります。早くていねいに部屋をきれいにする「プロの技」が身につくので、家事にも役立つそうです。

地方の主婦が漫画アシスタント?

次は、もう少し専門的で変わった仕事を紹介しましょう。

漫画を描く作業は、漫画家が売れっ子であればあるほど一人ではできません。連載本数が多い漫画家はプロダクション形式にしているし、そうでなくても何人かのアシスタントを雇《やと》っています。

いずれは漫画家デビューを目指して出版社が集中する東京に住み、勉強を兼ねて憧《あこが》れの先生のアシスタントをしている人も多いのですが、一方で、アシスタント業を本業にしている人も相当数います。

少し前なら、アシスタント希望者は、漫画家の先生の仕事場がある東京周辺に住んでいることが大半でした。仕事を持ち帰って自宅で作業する在宅アシスタントもいるものの、先生との打ち合わせが必要不可欠なので、地方在住では難しかったのです。

ところが最近では、事情が異なります。漫画家のアシスタントという仕事は、インターネットを使えば地方在住のままできるようになったのです。

漫画をパソコンで描くようになった現在では、在宅アシスタントはどこに住んでいても仕事ができるようになりました。先生との打ち合わせはスカイプ（Ｓｋｙｐｅ）のような無料のインターネット電話で、また資料や原稿データのやりとりは、ドロップボックス（Ｄｒｏｐｂｏｘ）のようなインターネット上のオンラインストレージ（ネット上にあるデータの保存場所）を使うことが当たり前になり、距離は関係なくなりました。

漫画家を目指したことがある。もしくは漫画を描く技術には自信がある。そうであれば、地方に住んでいる専業主婦であっても、漫画のアシスタントになるのも可能な時代なのです。

地方在住でもできる仕事は多い

漫画家のアシスタントに限ったことではありません。いまや、地方都市に住んでいても起業は難しくないし、インターネットを使えば仕事の幅も大きく広がります。

ドライブが好きな夫婦なら訪れた経験があるかもしれませんが、たとえば街から離れて人家が少なくなり、緑が濃くなったあたりに個人営業の焼きたてパンを売る店が現れることがあります。「こんな場所で、パンが売れるのだろうか」と、人ごとながら心配になりますが、けっこう繁盛していたりします。

ある女性店主は、「人工的に純粋培養《ばいよう》したドライイーストを使わず、果実や穀物などに付着している天然酵母を採取した天然酵母パンを作りたいから、とにかく自然が豊かな場所に店を開きたかったんです」と言います。朝は近隣の人が、わざわざ車で買いに来るそうです。そして昼以降は、ドライブ客が立ち寄ってまとめ買いをしてくれるので、早い時間に売り切れてしまいます。

この話だけでは、テレビ番組で取り上げられがちなアーリーリタイアメントの例のようですが、面白いのは、実は夫婦で店を切り盛りしているわけではない、という点です。

妻が店を開けている時間、夫はウェブデザイナーの仕事をしています。デザイン系の仕事の発注元は都会の企業ですが、デザインの作業そのものは、パソコンとソフトとインターネットがあれば、どこででもできます。地代とコストが安い田舎《いなか》で、妻が念願だった天然酵母のパンの店を開いても、何も問題はありません。

実際、ふだんの仕事はメールでのやりとりだけで済み、納品は電子データなので、オンラインストレージを通じて行っています。どうしても打ち合わせが必要なときだけ都会へ出ることになりますが、頻度はそれほど多くなく、まったく問題はないそうです。

このようにデザイン系の仕事は、ネットとの親和性が高いと思います。

たとえば、私のように自営業者の場合、名刺を自費で作成しなくてはなりません。以前は近くの印刷業者に出向いて発注することが当たり前だったのですが、いまはネット上に多くの名刺店があり、いろいろなデザインの名刺を作成してくれます。

その中のある店に注文したところ、数日で届けてくれました。とてもすてきな名刺ができあがったのですが、それ以上に驚いたのは、請求書の住所から相手が九州在住のデザイナーだと知ったときでした。

ネットのない時代は、神戸に住んでいる私が、九州在住のデザイナーに名刺の作成をお願いすることはなかったでしょう。インターネットの出現によって、かつて仕事を制限していた「時間と空間の壁」がなくなったのです。

メールでやりとりをしながら詳しく話を聞いてみると、運営しているのは女性で、夫が九州に転勤になり、デザイン会社を退職してついていったものの、やはりデザインの仕事を続けたいということで、ネットの名刺屋さんを開業したということでした。

「地方だから」「在宅でしか働けないから」とあきらめることはありません。ネットを使うことで距離の障害はなくなります。もし、やりたい仕事があって、距離がネックになっているのなら、ネットの活用を考えれば、それまで培《つちか》ってきた技術を生かす方法がいろいろ見つかるはずです。

専業主婦だから、挑戦できる

ほかにも、「現在、たまたま専業主婦だから挑戦できる」というものもあります。

たとえば脚本家。

会社勤めをして資金を貯めつつ、シナリオ作家養成学校へ通った女性に話を聞いたことがあります。彼女はもともと、文章を書くこと、ストーリーを考えることが好きという下地がありました。そして小説よりも、映像作品を作ってみたいという夢がありました。

映像作品に関わる職種は、役者をはじめ演出家、カメラや音響など多岐《たき》にわたりますが、

「下地」を考慮すれば、脚本家しかありません。そこで昼間は会社員として働き、夜はシナリオを書くという生活を数年続けました。

そうして、ようやく脚本家を対象とした賞に入賞するようになり始め、地方局の作品で実績を積んで、東京キー局のドラマの脚本家に抜擢《ばってき》されるまでになったそうです。

ただし彼女の場合、脚本家としての修業期間中は正社員の仕事を辞めることができず、かなりのハードワークになったそうです。生活もありますから、それはそうでしょう。

その点、もしも専業主婦なのであれば、

①当座の生活のための資金稼ぎの時間が不要なので、相当な時間を修業に費《つい》やすことができる

②（才能のあることが大前提ですが）生活には困らない専業主婦だからこそ、大胆な挑戦ができる

と、その立場を強みに変えることができるでしょう。いまや多様なキャリアを持ちなが

ら、それぞれの経緯があって、現在はたまたま専業主婦をしているという人がたくさんいます。そうした方々にとっては、いま見た事例はけっして夢物語などではなく、「現実的な目標」であるはずです。

専業主婦は資格を取ろう！

もうひとつ、専業主婦が仕事に出ることを考える際、ぜひおすすめしたいのが「士業《しぎょう》」。

厚生労働省のまとめによると、２０１４年の労働者数は正規、非正規合わせて５２４０万人です。そのうち正社員と呼ばれる正規労働者が３２７８万人で、残り１９６２万人はパートやアルバイト、派遣社員、契約社員、嘱託《しょくたく》などでした。非正規社員の中ではパートがもっとも多く、９４３万人を占めています。

いま見てきたように、専業主婦など女性の活躍の場は広がっていますが、実際にはまだまだ、旧来型のパートや非正規の立場で工場や事務の仕事をすることが多いのが現実でしょう。

だからといって、「専業主婦＝パート」にとどまっていなければならない、ということは

図表3　専業主婦はどのくらいいるのか?

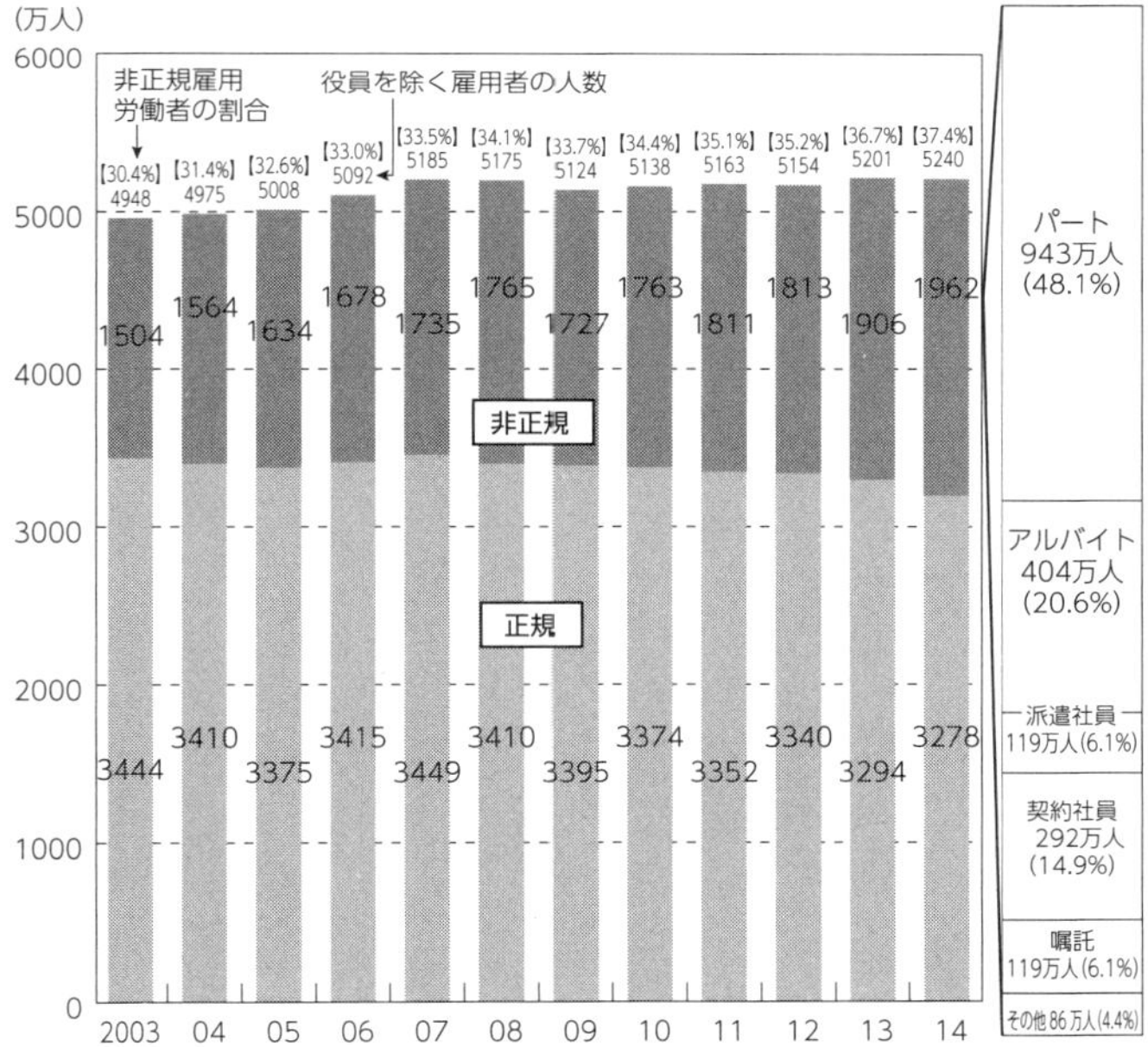

(出所) 厚生労働省資料より

ありません。たとえば時間があることを活用して資格を取得するという方法があります。さらには、「士業」として独立するという人もいます。むしろこちらのほうが、これから女性が活躍するうえでは可能性があるかもしれません。

これは「机上《きじょう》の空論《くうろん》」ではありません。やる気になればできます。

というのは、実は私自身が、社会保険労務士、ファイナンシャル・プランナーの資格を取得し、独立して「士業」として働くようになった元専業主婦だからです。

どのような手順で資格を取得し、独立するのか、ひとつのケーススタディとして、少し長くなりますが私自身の話をさせてください。

主婦から士業になった私の場合

1990年代のことです。会社を退職して結婚した私は、しばらくの間、専業主婦をしていました。結婚したら家庭に入って夫を支える——当時は「それが当たり前」だと思っていましたし、友人の多くも同じ道を選んでいました。

子どもが小さかったときは、主婦の仕事と子育てに追われていました。でも、少し子育てが落ち着くと、いつしか「社会と接点を持っていたい……」と思うようになりました。

そこで週3〜4日、一日5〜6時間の仕事はないかと探してみることにしました。そのくらいであれば、両親が子どもの面倒をみてくれるので、家事をこなしながら働くことができるからです。

「そんな都合のいい仕事なんてあるの？」と思う人もいるかもしれません。でも、いろいろ探してみると運よく、よさそうな仕事が見つかりました。医療事務のレセプト（診療報酬明細書）に関連した仕事です。

レセプトとは、患者の1ヵ月分の診療内容をまとめたもので、患者が会社員であれば社会保険診療報酬支払基金に提出します。基金では医療費の請求が正しいかどうかを審査し、健康保険組合（保険者）などへ請求し、保険者から支払われた医療費を病院へ支払います。それが病院の収入になるのです。見つけたのは、診療点数を計算し、レセプトを作る・点検するという仕事です。現在では、ほとんど電子レセプトによる請求になっていますが、当時は紙のレセプトで行っていました。

紙のレセプトは、定められた様式に傷病名や診療行為を記載する方法です。ですから、まったくの素人《しろうと》にできる仕事ではありません。医療事務資格を取る必要がありました。そこで、通信教育で勉強をしてみることにしました。誰でもすぐにできる仕事よりも、勉強して知識を身につける必要のある仕事のほうが面白いだろうと思っていましたから、レセプトの勉強も苦になりませんでした。

医療事務資格でレセプト業務に

3ヵ月くらいで医療事務の資格を取得すると、通信講座を受けたところから仕事を紹介してもらえるようになりました。

レセプト業務に詳しいリーダー（先輩）が月の初め、私のような有資格者を5人ほど集めて、いくつかの個人医院を回ってレセプトを作成するのです。レセプトの提出期限は翌月10日までで、仕事は月初めに集中していました。働く日数が少ないため、収入は月2万〜3万円程度でしたが、短時間労働のわりには高かったと思います。

仕事場は病院内の事務室だったり、職員の休憩室として借りている近隣のマンションの一室だったり。そこにこもってひたすら計算し、間違いがないかチェックするのです。

リーダーはレセプト業務に驚くほど詳しく、不審な点があれば、私たちに「筋肉注射の回数が多すぎる気がする。先生に確かめてきて」といった指示を出していました。おかげで私も、薬の名前にはすっかり詳しくなりました。いまでも医師に処方箋《しょほうせん》を書いてもらうと、無意識に薬品名をチェックしていて、「この薬は、強すぎませんか？」と聞きたくなることがあるくらいです。

また、薬の世界は奥が深いので、ドラッグストアや薬局で働くのは面白そうです。とはいえ、経験のない専業主婦がいまから薬剤師の資格を取得するのはたいへんです。なにしろ、6年制の薬学部を卒業後、国家試験に合格する必要があるのですから。それでも、ドラッグストアや薬局などで、かぜ薬のような一般用医薬品の販売ができる登録販売者の資格ならば比較的取得しやすいと思います。これも選択肢になります。

大学院の図書館はヒントの宝庫

さて、レセプト業務を2年ほど続けると、私はこの仕事にすっかり飽《あ》きてしまいました。何にでも興味を持つ一方で、飽きっぽい性格なのでしょう。

レセプトの仕事は面白いけれど、やることが決まっていて単調……そう感じていたとき、公務員だった夫が茨城《いばらき》県つくば市にある筑波大学大学院に入学することになり、生まれ育った神戸を出て、つくば市（当時は新治郡桜村）に引っ越しました。

でも、専業主婦の毎日は暇《ひま》です。朝のうちに家事を手際よく済ませると、もうすることがありません。家事に慣れれば慣れるほど時間が余って、暇で暇で仕方ありません。引っ越しをしたばかりなので土地勘もないし、近くに友達もいません。だからといって、テレビを観て一日を過ごすことも性《しょう》に合いません。

そんなある日、暇つぶしのいいアイデアを思いつきました。

「大学の図書館で本が読みたい」

夫は勉強好きだったので、私が本を読むことは大歓迎です。

「それなら、いっしょに通学しよう。図書館の場所を教えるよ」

筑波大学附属図書館は学外の人にも開放されており、利用手続きをすれば静かな館内で自由に本を読むことができました。つくば市はアカデミックな街なので、市立中央図書館の蔵書も充実していましたが、大学の附属図書館には一般の図書館では読めない、いろいろな分野の専門書が揃っていました。

といって、知りたい分野が決まっていたわけではありません。そこで、書名を見て、惹《ひ》かれた本を手当たり次第に読んでみました。すると、私たち夫婦が直面している課題が見えてきました。それまでは考えてもみなかった「年金」についてです。

当時は会社員も、公務員も、定年と呼ばれる年齢まで働けば、あとは年金をもらって老後を穏《おだ》やかに暮らせるという程度の認識しかありませんでした。しかし実際には、職種によっても加入している年金の種類が違うし、もらえる年金の額も違います。それに、年金がもらえる年齢になっても、給料のように自動的に振り込まれるわけではなく、いろいろな手続きが必要らしいということがわかってきました。

そんな基本的なことに驚いているうちに、やがて「年金について詳しく知りたい」と思うようになりました。それに、年金の正しい知識を身につけることは、現役世代にとっても、年金受給世代にとっても大切なこと。当時は、年金加入者の年金財政に対する関心は薄かったし、記録漏《も》れ問題も表面化していませんでしたが、高齢社会を生きることになる私たちにとって、「これから年金問題は重要なテーマになる」と考えたのです。

専業主婦が社労士試験に挑戦！

「これからは、高齢者の人たちをサポートするような仕事が求められるみたい」

図書館からの帰りに、そんな話をするようになりました。

「資格を取って、人々の役に立てるような仕事をしてみたら？」

そんなアドバイスをヒントにして、私が取得できそうな年金に関連する資格を探したところ、「社会保険労務士」（社労士）という仕事が見つかりました。

社労士は、労働・社会保険に関する法律、人事・労務管理の専門家です。老後のための年金の相談にも応じます。

資格を取得するためには、国家試験である社会保険労務士試験に合格しなければなりません。さらに2年以上の実務経験を積んで、全国社会保険労務士会連合会の社会保険労務士名簿に登録されることで資格を自分なりに活用できるようになります。ちなみに、２０１４年4月末日現在で、社労士は全国で3万８５４９人いるそうです。

やがて夫が大学院を修了し、神戸へ帰って公務員としての生活に戻りました。

このタイミングで、私は社労士試験に挑戦しようと考えました。

当時、私が通える範囲にある資格学校には、初歩から学べるような基礎講座がなく、３ヵ月間という短期の実践講座に申し込む方法しかありませんでした。実践講座がカバーしていない部分は本を読んで覚え、模擬試験を受けて、勉強の進捗《しんちょく》度合いを測っていました。

毎日の勉強時間は10時間。といっても、ずっと机の前に座っているわけではなく、食事を作ったり、子育てをしたりしながらの、「ながら勉強」でした。集中して勉強したいときは、手早く家事を済ませて時間を作りました。

専業主婦の強みは、時間の融通《ゆうずう》が利《き》くことです。反面、サボる気になれば、いくらでもサボれます。それに専業主婦であれば、試験に落ちても生活に困ることはありません。どうしても気がゆるみがちになるので、私は、自分に条件を課しました。

「今年一年間勉強して、合格できなかったらあきらめる」

私の気持ちとしては、「あきらめること＝試験に負けたこと」ではありません。私を落とすなんて失礼な試験に、何年もつきあってあげる気はない、というものでした。気持ちを切り替えて、自分を受け入れてくれる試験を探せばいいのです。

少々乱暴ですが、そう思えば、リラックスして試験に臨《のぞ》めると思いませんか？

そうして土曜日と日曜日は資格の学校へ通っていたのですが、家族は応援してくれ、子どもの面倒をみてくれました。講義の時間が短いときは、子どもを学校へ連れて行ったこともありました。とてもおとなしい子だったので、授業中は、私の隣《となり》でお絵描きをしていました。

子どもの絵はクラスの人たちにほめられましたが、私の成績はとてもほめられたものではありませんでした。講義の最後に行われる模擬試験では、ほぼ毎回最下位。そのため、クラスの仲間の一人（何度か試験に挑戦している男性でした）があきれたのか、同情したのか、過去の受験のノウハウを書き綴《つづ》った貴重なノートを貸してくれたほどです。

社労士試験は暗記することがとても多い試験です。毎日毎日コツコツと同じことをくり返し覚えていきました。そうして勉強を始めて1年後の89年、私は社労士試験に合格することができました。

新米社労士デビュー

しかし、社労士の資格を取ったからといって、すぐに仕事の依頼が来るわけではありません。営業をして、新米社労士がいることを知ってもらわなければなりません。

「営業って、どうやるんだろう？」

営業の経験がなく、アドバイスは得られず、どうしたらいいかわかりませんでした。そこで、幼稚園のママ友に話してみました。また、息子が通う幼稚園は医師が多く、開院するという話を聞くと、「社労士としてお手伝いできることがあれば」と声を掛けていきました。

医院の開院と私が社労士になったタイミングがぴったり合って、新米の割には順調に仕事をいただくことができました。けれども、このままずっと社労士としてキャリアを積んでいく……という地道な努力は、私には無理でした。社労士の仕事に飽きたわけではなく、もっと幅を広げたいと思ったのです。

老後の生活のため、年金の中身を知ることはとても大切ですが、現役のころから準備をしておくことも同じように大切です。そのために役立つ仕事はなんだろう？　調べたところ、ファイナンシャル・プランナー（ＦＰ）という資格があることがわかりました。

当時、ＦＰはいまほど一般向けの資格ではなく、金融機関関係者が取得するもののようでした。そのため受講料は50万円もかかりました。その代わり（？）というわけではないのでしょうが、試験は自宅受験でした。

1993年に日本FP協会が認定する「普通資格」であるAFP（アフィリエイテッド・ファイナンシャル・プランナー）を取得。96年に上級資格であるCFP（サーティファイド・ファイナンシャル・プランナー）を取りました。ファイナンシャル・プランニング技能士という国家資格ができる前の話です。

阪神・淡路大震災が転機に

AFPを取得して活動を始めた矢先の95年1月17日、阪神・淡路大震災が発生しました。

「被害を受けた会社や店舗を支援してほしい」

社労士会からボランティアの依頼が来ました。幸いわが家は大きな被害を受けなかったので、社労士の助けを必要としているところへ出向いて、できる限りのお手伝いをさせていただきました。

大震災は、私の考え方を大きく変えました。形あるものは、それがどんなに高価なものであってもいつか壊《こわ》れてなくなります。でも、身につけた知識や技能は、自分が生きている限り残ります。人と人とのつながりも、大切にすればするほど壊れることはありません。

「これからはもっと知識を深めて、社会の役に立ちたい」

そう決意した私は、２００１年にＤＣプランナー（企業年金総合プランナー）など、社労士やＦＰを補強するような資格を取得していきました。

私の仕事がどこまで社会のお役に立っているのかわかりませんが、資産や年金、家計、労働といった私たちの生活に欠かせない分野の情報を楽しくお伝えする努力を、これからも続けていくつもりです。

夫より主婦が稼ぐほうが早い

いかがでしょうか。

専業主婦から始まった私自身の就労体験を読んでいただいて、夫である男性読者の方には、「これなら、うちの妻でも何かできそうだ」と思っていただけたのではないかと思います。妻である専業主婦の方には、「私もチャレンジすれば何かができるかも」、そう思っていただけたのではないでしょうか。

私自身、けっして特別な才能があったわけではありません。家族の協力と周囲の支援を得ながら、紆余曲折《うよきょくせつ》を経て、いまの仕事を続けさせていただいています。それはつまり、「誰でもやればできるということ」「誰でもお金が稼げる」ということです。

そして、夫の月収を1万円上げることは、いまの時代ものすごくたいへんなことですが、現在、専業主婦である方が5万円、8万円、10万円を稼ぐようになることはよりカンタンです。稼ぐようになるとともに、自分らしく生き、働ける職を見つけて、人生を充実させていただきたいと思います。

人は、お金だけで生きているのではなく、さまざまな人々とのつながりによって生かされています。自分の仕事が誰かの役に立っているという充実感は、お金よりはるかに価値があります。家計改善を目指して働き出すことで人生が変わる。そんなチャンスを摑《つか》んでいただきたいと思います。

第1章　専業主婦が働くと家計はみるみる改善される

江戸時代は「銘々稼ぎ」

さて、これまで「専業主婦」とカンタンに書いてきましたが、これはどういう人たちを指すのか、わかりますか？　夫が働いて収入を得て、妻は仕事を持たずに家事・育児に専念している――専業主婦とは一般的に、そんな妻のことだと思います。

働く夫と家庭を守る妻という姿は、「おじいさんは山へ柴刈りに、おばあさんは川へ洗濯に……」という桃太郎の話にもあるように、日本の古き良き伝統のように思っている人が大半でしょう。しかし、実は歴史はけっして古くなく、せいぜい40～50年くらい前にできあがったシステムなのです。

たとえば江戸時代。当時は「銘々稼ぎ《めいめいかせ》」という言葉がありました。これは「庶民の共稼ぎのこと」（『イラスト・図説でよくわかる　江戸の用語辞典』江戸人文研究会編、廣済堂出版）で、「『ふたり一緒に稼ぐ』のではなく、『別々に仕事をし稼ぐ』こと」（同）です。しかも、当時は夫婦の財布は別で「お互いに相手の稼いだ金で、勝手に酒などの嗜好品《しこう》や、着物などの個人のものを買うことはいたしませんでした」（同）といいます。

つまり、豆腐屋を二人で切り盛りするという自営業的な働き方ではなく、妻はいろいろな仕事を持っていたのです。

漫画家で江戸風俗研究家の杉浦日向子《すぎうらひなこ》さんによれば、あらゆる隙間《すきま》産業に女性が進出していて、中には引っ越しを請け負《う お》っている人もいたそうです。長屋《ながや》には独身男性が多く、ずぼらなため、引っ越しのときに上手に荷物をまとめられません。そこで引っ越しの手伝いを仕事にしたというのです。着物を洗濯したり、ほつれを直したりするクリーニング業、月極め契約の掃除業など、妻の働き方は多様でした。

江戸時代が終わり、明治時代が始まった慶応4年（明治元年）は1868年、いまから147年前までは、それがふつうでした。そんなに遠い昔のことではありません。

専業主婦は高度成長期に生まれた

では、いつごろから「専業主婦」という形態が生まれたのでしょう。一般的には戦後、それも高度成長期といわれています。

「およそ一九七〇年前後にいわゆる『専業主婦』層の数がピークを迎えたと考えられる」

「専業主婦化を促進する条件は、高度経済成長にともない増加する。同時に専業主婦を要請する条件も、夫が『企業戦士』化することによって強化されていった」（『日本の階層システム　1　近代化と社会階層』原純輔編、東京大学出版会）と考えられています。この研究からもわかるように、1960年代以降の高度成長期に、妻たちは、企業戦士となった夫のサポート要員として、家庭内にいて家事と育児を一手に引き受けることを求められるようになったのです。

それ以降、「夫は外で働き、妻は家庭を守るべきである」という考え方が定着して現在に至っています。

さすがに女性の社会進出が叫《さけ》ばれ、国も「女性の活用」を政策目標に掲《かか》げている昨今では、多くの人が「時代遅れのシステム」と捉《とら》えている、と思いたいところです。しかし、内閣府の2014年度「女性の活躍推進に関する世論調査」には意外な結果が載っています。「夫は外で働き、妻は家庭を守るべきである」という考え方に「賛成」の割合は44・6％（「賛成」12・5％＋「どちらかといえば賛成」32・1％）、「反対」の割合は49・4％（「どちらかといえば反対」33・3％＋「反対」16・1％）で、専業主婦肯定派がやや少ない程度

図表4 「夫は外で働き、妻は家庭を守るべきである」という考え方に対する意識

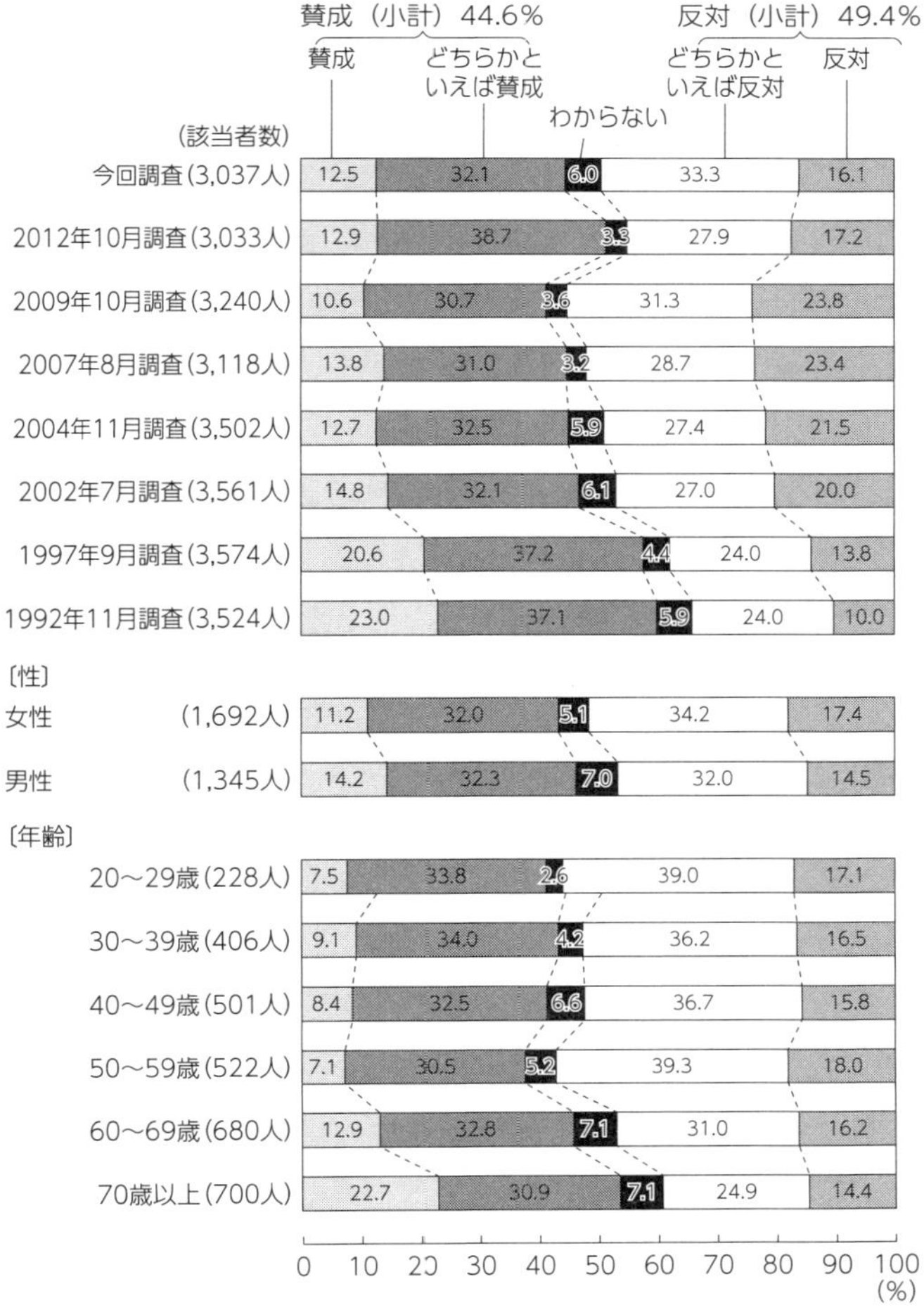

（出所）2014年度「女性の活躍推進に関する世論調査」内閣府より

なのです。しかも、12年の前回の調査結果では「賛成」が51・6％、「反対」が45・1％と、専業主婦肯定派のほうが多かったのです。

男女別に見ても、「賛成」は男性46・5％、女性43・2％と半々に近く、必ずしも男性が強要しているシステムというわけでもなさそうです。

１０００万人の専業主婦人口

それでは、専業主婦は、いったいどのくらい存在しているのでしょう。

５年に１回行われる国勢調査には、「専業主婦」という定義はありませんが、「調査期間中に主に家事をしていた妻」のいる夫婦の数が公表されています。２０１０年の調査では１１７９万３０２組です。つまり、１１７９万３０２人が主に家事をしていた妻で、その人たちはほぼ専業主婦と見てよさそうです。ちなみに、「夫、妻共に就業者である世帯」は１２６７万６１９６世帯です。

また、厚生労働省の「２０１３年度厚生年金保険・国民年金事業の概況」の第３号被保険者数は９４５万人です。第３号被保険者とは、「会社員や公務員に扶養《ふよう》されている配偶者」

のことで、この場合の配偶者の大半は妻なので、やはり専業主婦と見ていいでしょう。

これらの数字から推定できることは、共働きが当たり前になったいまの時代でも、「専業主婦」の妻が1000万人以上もいるということ。

これはすごいことです。何がすごいって、カンタンに家計が改善できる家庭が「1000万」もあるということなのですから。

人手不足の日本では、この「専業主婦」が潜在的な労働力として注目を浴びていますが、この層がいま、動き出しています。働きに出るだけでなく、家事の合間の「隙間時間」を利用してのデータ入力の仕事などが、デジタル時代を反映して求人も急増。細切れ時間を有効活用できるようになってきています。

総務省の調査によると、専業主婦層はインターネットを通じて自宅で仕事をする「テレワーク」への関心が高く、家事や育児などで家を長時間空《あ》けにくいという問題をクリアできれば、主婦層の隙間時間は有効活用できる可能性が高いと、「プチ勤務」ともいえるかたちで、柔軟な働き方を用意する企業が増えているという社会的背景もあります。

専業主婦か勤めに出ている主婦か、ではなく、その中間を埋《う》めるための社会的環境が整ってきている。そのことは、家計改善がカンタンにできるのに、これまでは二の足を踏《ふ》んでいた「1000万世帯」が動き出すためのハードルが低くなってきている、ということにほかなりません。

これを利用しない手はないでしょう。

専業主婦は家計を強化する資産

前章でも触れましたが、夫の月収を1万円、年収換算で12万円を毎年増やし続けることは、いまの時代、ほとんどの家計において「不可能」といえるでしょう。なにしろ、春闘での賃金の引き上げは1000円、100円の単位です。

ところが、仮に専業主婦が働きに出たとすればどうでしょう。月収5万円ならカンタンです。これだけで家計の年収は60万円もアップします。10万円稼げば、家計年収は120万円も増えます。

専業主婦の妻がいる夫は、専業主婦が家計を強化する貴重な「リソース（資源）」であると認識してください。

男性目線で「とはいえ、家事・育児で忙《いそが》しい妻を働くように仕向けるのは難しそう」と感じることもあるかもしれませんが、これからお話しする方法で、「働きたい」という妻の気持ちを引き出せれば、きっと収入面でも頼れるパートナーに育ってくれるでしょう。しかも、早ければ早いほど効果絶大です。

一方、専業主婦として家庭を守っている妻の目線では、自分が磨《みが》けば光る宝石だという自信を持ってください。

専業主婦としての仕事は、〝家庭を運営〟するうえでどれも欠かせないものです。しかし、結婚前に会社勤めや自営業として働いた経験がある女性の多くは、「再び社会に出て働きたい」という思いがあるのではないでしょうか。あるいは自分のやりたかった仕事――ショップを開くとか、資格を取って起業するとか――を実現させたいという思いもあるでしょう。

専業主婦がいちばん忙しいのは、子どもが小学校に上がるまでの時期。余裕を見て小学校高学年になるまでとしても、誕生から10年程度の期間でしかありません。それ以降は、念願の「夢」の実現に向けた人生を送るのもステキだと思いませんか。

もちろん、専業主婦といってもまったく働いていないわけではなく、すでにパートに出て「103万円の壁」（94ページで解説）を超えないような働き方をして家計を助けている人も多いと思います。ならば、なんとなくパートに出るというのではなく、長期的な戦略を立ててうまく立ち回り、適職を見つければ、自己実現ができるうえに、もっとたくさん、もしかしたら夫よりも稼《かせ》げる可能性だってあるのです。

自己実現とは何かということですが、東京大学名誉教授だった竹内均《たけうちひとし》先生がわかりやすく説明しています。それは、「①好きなことをやり、②それで食うことができ、③しかもそれが他人によって高く評価されることである」ということ。

誰でも願うことですよね。せっかく働くのなら自己実現を目指しませんか。

実質給与はもう増えない

給料は増えているのに、豊かになったという実感がない――多くの会社員は、そう感じているのではないでしょうか。

確かに統計上の給料は増えています。それは、厚生労働省が毎月発表している「毎月勤労統計調査」にもはっきり表れていて、たとえば2014年12月2日に発表された10月の調査の速報版には、基本給と残業代、ボーナスなどを合計した「現金給与総額」が前年同月比0・5％増の26万7935円になり、8ヵ月連続で増加したと書かれていました。

それなのになぜ、「豊かになった」という実感がないのでしょう。その答えも「毎月勤労統計調査」に書かれています。物価上昇を加味した実質賃金指数では、円安による輸入物価の上昇や消費税増税などの影響で2・8％減となり、16ヵ月連続のマイナスになったというのです。

円安の影響は、過去の為替《かわせ》相場を調べるとわかります。

輸入取引の多くは米国ドルを介して行われているので、ドルと円の関係を表すドル／円相場を見てみましょう。13年11月第1週のドル／円相場は1ドル＝98円台でした。それが14年11月第1週は114円台まで下落しています。つまり一年間で16円も円安方向へ動いたのです。13年11月には1ドルの輸入品は98円で買えたのに、一年後の11月は114円払わなければ買えなくなったということです。

総務省の小売物価統計調査から12年と14年の食料品（100グラムあたり）の価格を比較

図表5　下がりゆく実質賃金

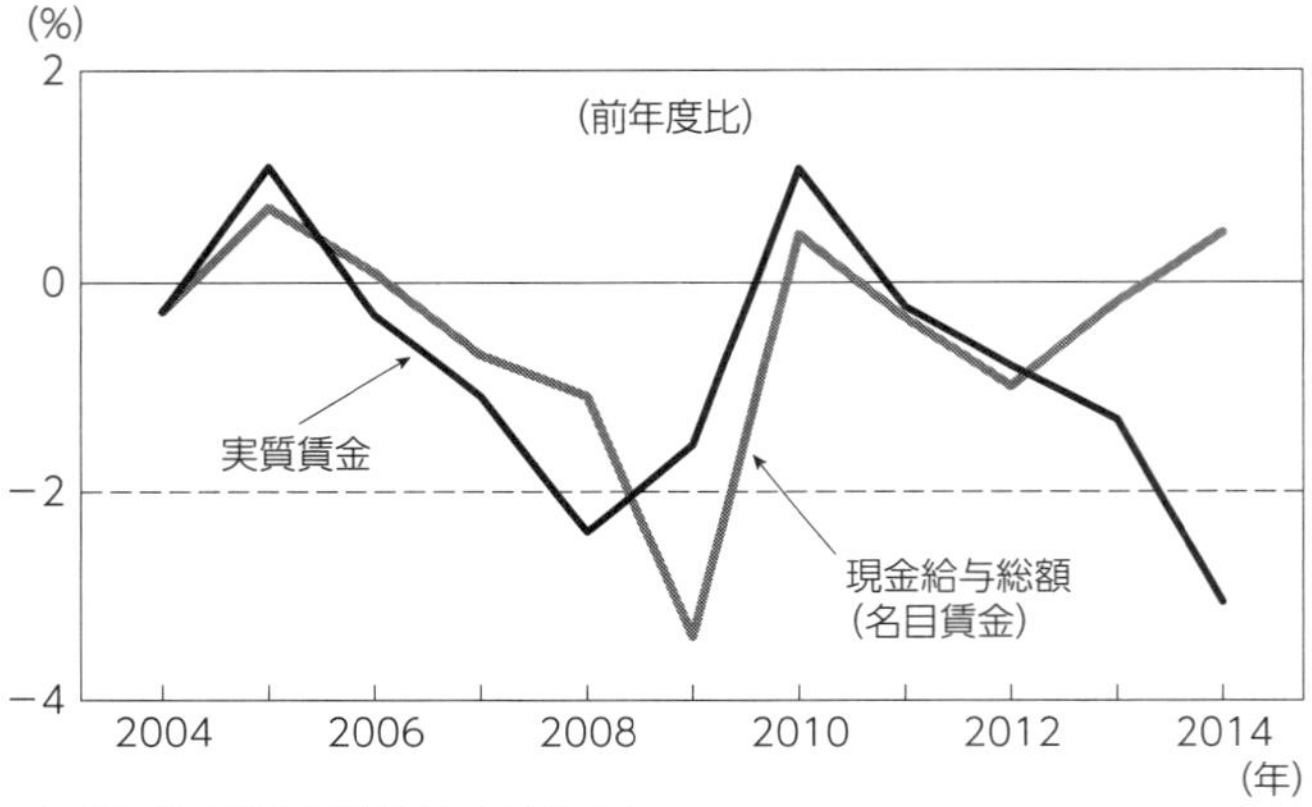

(出所)「毎月勤労統計調査」厚生労働省より

すると、カボチャ299円→427円、輸入牛肉193円→253円、サケ218円→279円、豚肉(もも肉)168円→194円、マグロ381円→407円というように大きく値上がりしています。

加えて、14年4月からは消費税が3%上がりました。円安と消費税増税などの影響を受けた物価上昇を加味すると、給料が上がったという実感が得られないのです。

ちなみに、15年7月末でもドル／円相場は124円前後なので、今後も円安の影響をより強く受けることになりそうです。

消費増税に追いつけない賃上げ

では、もし仮に円安や消費税の影響を受けなかったとしたら、私たちは給料が上がったという実感を得ることができたのでしょうか。

冒頭で示したように、数字上では確かに賃金は上昇しています。給料が引き上げられたという報道も見聞きしています。トヨタ自動車は、2014年の春季労使交渉で6万3000人の従業員が加入する労働組合に対し、ベースアップ（ベア）という賃金体系全体の引き上げ額を月2700円にすると回答しました。定期昇給にあたる賃金制度維持分の7300円を合計すると、月1万円の増加でした。

この構図が国内の大半の企業に当てはまり、中小企業で働く人の給料も引き上げられればいいのですが、多くの中小企業には厳しい状況が続いています。

14年末に開催された政府、経済界、労働団体の代表らによる「政労使会議」で、主に中小企業が加盟する日本商工会議所の三村明夫《みむらあきお》会頭は、「中小企業は賃上げに必要な条件がまだ整っていない」と訴えました。円安などによるコスト上昇が取引価格に転嫁《てんか》されていない状況なので、利益を上げることができず、したがって給料も引き上げられないというのです。これは深刻な事態です。

中小企業庁が公表している数字（2012年2月時点）によると、大企業と中小企業・小規模事業者の合計は386万社ですが、そのうち大企業は1万社、残りの385万社は中小企業・小規模事業者なのですから、「毎月勤労統計調査」のように全体を見た数字が上昇していても、個々の企業、個々の従業員を見ると、給料は引き上げられていないと考えるべきなのでしょう。なによりも安倍晋三《あべしんぞう》首相自身が「賃上げが消費税率の引き上げに追いつくことができていない」と明言しています。

健康保険料などの引き上げは続く

大企業を除き、給料は上がりにくい。給料が上がっても、実感できない。この状況は理解していただけたのではないでしょうか。

そんな苦しい家計から、私たちが負担している健康保険や年金などの社会保障費。こちらはどうでしょう。健康保険については、病気やケガをするたびに利用しているはずで、医療費が3割の自己負担で済むありがたさは実感できていると思います。

ただ、医療保険の財政状況は厳しく、保険料率は随時引き上げられていきます。

保険料率というのは、個々の保険料を計算するときに用いるもので、「標準報酬月額」に保険料率をかけて算出した保険料を、原則として会社と従業員が折半《せっぱん》で負担します。

会社員の給料は残業などによって変わるため、毎月、実際の給料を基《もと》に計算するのは現実的ではありません。

かといって、給料を足して平均額を計算すればいいのかというと、それも端数《はすう》が出てたいへんです。

そこで、「給料が25万円から27万円の人は、標準報酬月額を26万円とする」というように決められているのです。それも健康保険料の場合は、4月、5月、6月の3ヵ月間の給料を平均して標準報酬月額を算出し、9月から翌年8月まで適用することになっています。

中小企業の従業員が加入する全国健康保険協会（協会けんぽ）では、２００８年までは保険料率が全国一律でした。しかし医療費の実態は都道府県ごとに異なるため、09年からは差をつけるようになりました。

図表6　健康保険の標準報酬月額表の一部

社会保険でいう給料　／　4～6月の給料平均額

標準報酬月額等級		標準報酬		報酬月額	
		月額	日額	以上	未満
1		58,000	1,930		63,000
2		68,000	2,270	63,000	73,000
3		78,000	2,600	73,000	83,000
4		88,000	2,930	83,000	93,000
5		98,000	3,270	93,000	101,000
6		104,000	3,470	101,000	107,000
18		220,000	7,330	210,000	230,000
19		240,000	8,000	230,000	250,000
20		260,000	8,670	250,000	270,000
21		280,000	9,330	270,000	290,000

（単位：円）

保険料率の引き上げは、最近では12年に全国の都道府県で実施され、東京都は9・48%→9・97%、大阪府は9・56%→10・04%、福岡県は9・58%→10・09%となりました。12年から15年は引き上げられなかったものの、14年は介護保険料率が3月分（4月納付分）から1・55%→1・72%と引き上げられました。

少子高齢時代を迎え、今後も健康保険料率や介護保険料率が引き上げられることは容易に想像できます。

その一方で、給付は厳しくなります。高齢社会を迎えて、将来的に誰もが使うようになる介護保険制度を見てみましょう。

15年度から介護保険制度が改定され、特別養護老人ホーム（特養）に新たに入所できるのは、「要介護3」以上の重度者に限定されます。また8月からは、高所得者の自己負担が現在の1割から2割に上がります。つまり、介護を担《にな》う家庭の負担が、労力面でも金銭面でも増えるということです。

「介護報酬」と呼ばれる介護サービスの料金体系は、原則として3年ごとに改定されますが、改定の年にあたる15年度は、介護報酬が平均で2・27％引き下げられます。40〜64歳の保険料は抑えられるものの、65歳以上の人の保険料は10％増えることになります。

年金保険料は高く、給付は低く

健康保険料・介護保険料は予断を許さない状況ですが、もうひとつの社会保険である年金保険料のほうは、より深刻です。

最近では、「年金保険料を支払いたくない」という若者が増えています。もちろん、年金の加入と保険料の支払いは義務なので、困窮《こんきゅう》しているといった特別な事情がない限り「払わない」という選択肢はなく、会社員なら給料から厚生年金保険料を強制的に天引きされていますよね。

ただ、主に自営業者やフリーランス、学生などが加入する国民年金（老齢基礎年金）は、報酬から強制的に引くことができないので、不払いをしている人もいます。

厚生労働省によると、２０１４年度国民年金保険料の納付率は63・1％で、前年比プラス2・2ポイントとなりました。３年連続で上昇し、過去2番目に高い伸び幅になりました。

しかし、６割の人は払っているけれど、４割の人は払わない。きちんと払っている人から見れば、かなり不公平に思えます。

おそらく、「将来、年金をもらえるかどうかわからない」という不安を抱えている若い人は払わないでいるのでしょう。

30年後、40年後のことは誰にも見通せませんが、14年の財政検証結果から見ても、年金がまったくもらえなくなることはないにしても、年金額がいまよりも目減りしたり、支給年齢が引き上げられたりする可能性はかなり高いと覚悟《かくご》しなければなりません。

会社員の年金は「2階建て」

だからといって、不安にかられていても仕方ありません。まず、現在の公的年金制度の仕組みを確認しておきましょう。

公的年金には、現在、国民年金、厚生年金、共済年金の3種類があります。どの年金でも自由に選べるというわけではなく、自営業、会社員、公務員などというように、〝働き方〟によって加入できる年金が決まります。

国民年金には、日本国内に住所がある20歳以上60歳未満のすべての人が加入します。国民年金が基礎年金とも呼ばれるのは、1986年4月から、会社員やその妻（被扶養配偶者）の加入が義務づけられ、国民すべてに、基礎年金を支給する制度となったためです。家にたとえるなら、これが1階部分。自営業者やフリーランス、学生などの人が強制的に加入しなければならない公的年金は国民年金だけなので、平屋《ひらや》の年金ということになりますね。

会社員は、基礎年金に加えて厚生年金にも加入します。こちらは2階建て。公務員も共済

図表7　公的年金制度の体系（数値は、2014年3月末）

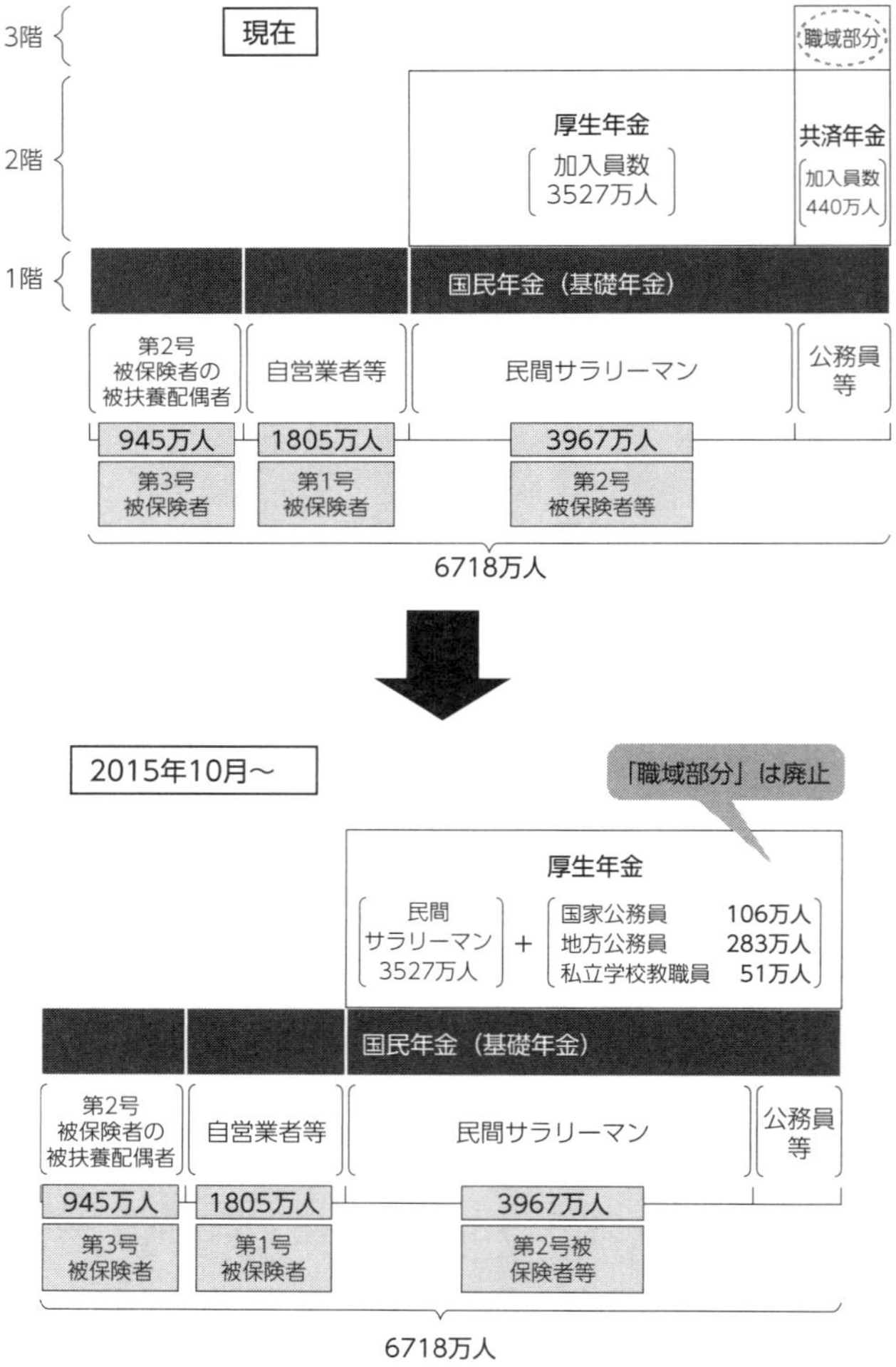

（出所）厚生労働省資料より

年金という2階部分があります――というのがこれまでの説明でしたが、15年10月からは厚生年金と共済年金が一元化されて、公務員や私立学校の教職員も厚生年金に加入することとなります。これにより、2階部分は厚生年金に統一されます。

ここから話は少しややこしくなるのですが、国民年金加入者（被保険者）は、加入する年金制度により「第1号被保険者」「第2号被保険者」「第3号被保険者」に区分けされます。公的年金の制度改革を議論する社会保障審議会年金部会には「専業主婦の働く意欲を阻害するから第3号を廃止しよう」という意見があり、マスコミを通じて報道されることがありますが、「第3号」とは第3号被保険者のことを指します。

年金の「第3号」は専業主婦

話を戻して、第1号被保険者とは、国民年金に加入する自営業やフリーランス、学生といった立場で保険料を支払っている人のこと。保険料は納付書で納付するか、口座振替などの方法によって自分自身で納めなければなりません。

第2号被保険者は、主に厚生年金に加入する会社員や共済年金（2015年10月からは厚生年金）に加入する公務員などのこと。保険料は給料から天引きにより納めるため、通常であれば払い忘れも、不払いもありえません。

第２号の人の保険料には、基礎年金である国民年金の分も含まれています。厚生年金保険料の額は、健康保険と同じように標準報酬月額×保険料率で計算し、会社と従業員で半分ずつ負担します。

そして第３号被保険者は、第２号被保険者の配偶者で、20歳以上60歳未満の人のこと。会社員の夫を持つ専業主婦などのことで、国民年金に加入します。保険料は配偶者が加入する年金制度が負担するので、自分で支払う必要はありません。

厚生労働省によれば、国民年金の加入者は６７１８万人（14年3月末時点）で、第1号は１８０５万人、第２号は３９６７万人、第３号は９４５万人いて、その98・８％が女性ということです。

同じ専業主婦であって、国民年金に加入していても、自営業の夫を持つ人の場合は第1号被保険者となるので、保険料を支払わなければなりません。

また、会社員の妻で、専業主婦であってもパートやアルバイトの年間収入が１３０万円以上ある人は、第３号を外れて第1号となり、自分で国民年金を含む厚生年金の保険料を支払います。第2章で詳《くわ》しくお話ししますが、これが「１３０万円の壁」です。パートの落とし穴は、ここにあります。

第3号被保険者でいれば専業主婦の保険料負担はありませんが、将来の年金は、国民年金の年金額にとどまります。パートに出て「１３０万円の壁」を超えて自分で厚生年金保険料を負担するようになると、将来受け取る年金が増えます。もちろん、いまの収入も「１３０万円の壁」を大きく超えるような働き方ができれば、社会保険料を負担したとしても、結果的に家計収入を大幅に増やすことができます。

年金保険料は２０１７年まで上昇

次に、保険料が決まる仕組みです。

２００４年の年金制度改正では、「社会経済と調和した持続可能な公的年金制度を構築し、公的年金制度に対する信頼を確保すること」を第一の目的としました。そして、改正前の「給付水準を決めてから、必要な保険料水準を設定する」方式から、「将来の負担の上限を決め、その範囲内で給付水準を調整する」に変更しました。

その結果、国民年金保険料は05年4月から17年まで、毎年280円ずつ（保険料改定率あり）引き上げられることになりました。15年度は月額1万5590円です。また、厚生年金保険料率は、04年10月から毎年0・354％ずつ引き上げられ、17年以降18・3％で固定することになりました。


誰もが気になる年金額ですが、国民年金（老齢基礎年金）の場合、一律年78万100円（15年4月の満額）で、40年間の全期間保険料を納めた人が65歳から受け取れます。

自営業者などの公的年金はこれだけですが、厚生年金や共済年金加入者は、支払った保険料に応じて老齢厚生年金や退職共済年金も受け取れます。収入が多い人は保険料も多く支払うことになるので、受け取る老齢厚生年金や退職共済年金の年金額も多くなります。

なお、年金には、老齢年金のほかには障害年金と遺族年金があります。病気やケガを負《お》って一定の障害の状態にある間は障害年金、年金に加入している人が亡くなったとき、その人によって生計を維持されていた18歳未満の子どもを持つ配偶者や子どもには遺族年金が支給されます。

年金に加入する意味は、老後の備えだけではないのです。

年金額は減り、支給は遅くなる⁉

「どうせ将来、年金はもらえそうもないから、国民年金保険料は払わない」という考え方は極論に過ぎると思いますが、保険料や年金額が変わることは確かです。保険料が引き上げられる過程にあることはすでにお話ししました。それでは、年金額はどうなるのでしょう。

現在の公的年金財政は非常に厳しい状況にあるため、厚生労働省は２００４年以降、５年ごとに「財政検証」を行っています。これは、１００年先までの保険料収入や給付費などの収支の見通し、そのときの現役世代の人口減少や平均余命の伸びといった社会情勢に合わせて年金の給付水準を自動的に調整する「マクロ経済スライド」に関する見通しを作って、年金財政の健全化を検証します。

最新の検証は、14年6月に厚生労働省が発表しました。それによると、14年度の現役男性の手取り収入を34・8万円、夫の厚生年金と夫婦の基礎年金の合計額を21・8万円とする

図表8　年金の財政見通し（月額）

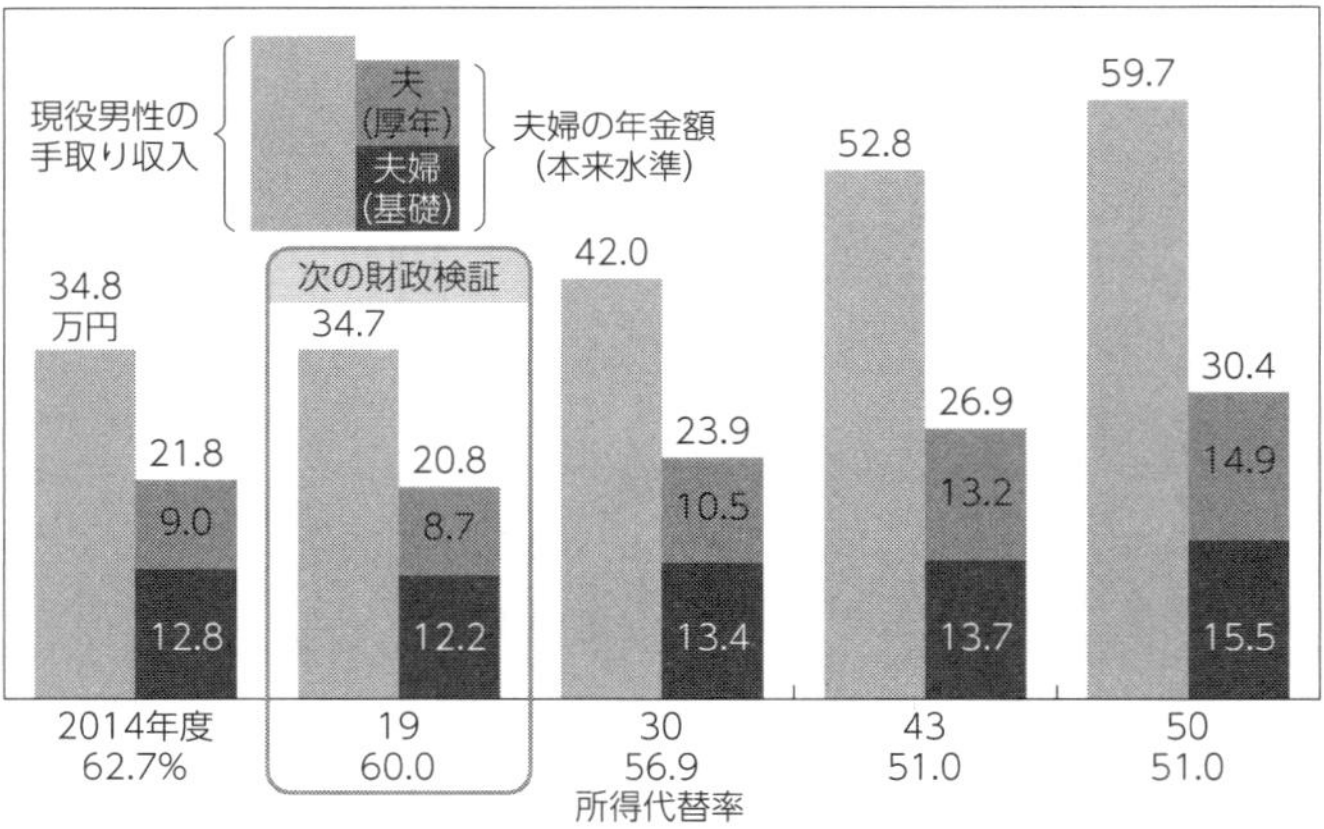

（注）経済情勢は物価上昇率 1.6%、賃金上昇率（実質）1.8%、運用利回り（実質）3.2%、経済成長率（実質）0.9%を前提。2060 年の合計特殊出生率は 1.35、平均寿命は男 84.19 歳、女 90.93 歳
（出所）厚生労働省資料を基に作成

と、所得代替率（年金額を現役世代の手取り収入と比較した水準）は62・7%。50年までは50%台を維持できる試算です。将来、女性の働く場が広がらない場合には、50%を割り込むケースがあることも明らかにされています。

仮に現在、年金を受け取っている世代が、あなたとまったく同じ働き方、勤続年数、収入、家族構成の人であったとして、その人のいま受け取っている年金額と、あなたが将来受け取る年金額とを比較すると、あなたのほうが保険料を多く負担しているにもかかわらず、年金額はおそらく3割以上少なくなります。もしかしたら保険料を支払う期間が延《の》びたり、年金を受け取る年齢が67〜68歳まで引き上げられたりするかもしれません。

節約だけでは生き残れない

ここまでのポイントは3点です。

①給料は上がりにくい
②社会保険料の負担は確実に増える
③将来の年金額はほぼ確実に減る

家計は将来、苦しくなることはあっても、楽になることはないでしょう。

もちろん、誰もが一生懸命働いているのですから、会社員であれば昇進して給料が上がって一息つくような場面はあるかもしれません。自営業であれば、景気が少し回復して、お店の売り上げが上向いたというようなうれしい瞬間もあるでしょう。

でも、この先の長い人生を想像したとき、いまのままで楽になれるとは、おそらく誰も思わないことでしょう。

そこで、あなたの家庭の状況を考えてください。誰が働いて、どのくらいの収入を得ているのかということです。

夫婦共働きで、夫婦とも正社員（あるいは公務員）という家庭であれば、「安定収入を得る」という点では問題はないでしょう。そうではなくて、夫は正社員、妻は専業主婦という家庭であれば、「妻も働く」ということを選択肢に入れてください。

家計の節約も大切ですが、食費を１０００円削《けず》った、固定費を２０００円削減したという〝対症療法〟ではこれからの時代を生き残れません。節約は、収入の範囲内でしかできないことだからです。

「２馬力」が生き残りのカギ

そこでまずやるべきことは、夫婦で働き方や家計の現状をしっかり認識することです。

「家計のことは妻の担当だから」とか「生活費を稼ぐのは夫だから」と言って逃げないこと。

家計は夫婦でチェックして、夫婦で問題点を見つけ出し、解決策を探ってください。そしてここが肝心《かんじん》な点ですが、「夫も妻も働いて収入を得る」という覚悟を持ってください。「1馬力」で稼いで人生の坂道を上れる時代はもう終わりました。これからは、「2馬力」でなければ上れません。

2馬力で稼ぐためのパターンは、基本的に次の3種類しかありません。

①夫婦で正社員として働く
②夫は正社員として働き、妻は社長になる（自営業を始める）
③夫は自営業の社長で、妻は正社員になる（自社の社員を含む）

だからといって、専業主婦の妻にいきなり、「明日から正社員の職を得て働いて」などと無茶を言うべきではありません。まずは妻とよく話し合い、妻がどういう仕事をしたいと思っているのか、もし仕事に就《つ》けたとして、子育てはどうするのか、家庭によっては介護などの問題もあるでしょうし、妻の「本当の気持ち」を知ることが大切です。

子どもが小学生、中学生以上になれば、ある程度子育てのめどはつくでしょう。そうすれば、働くことのハードルは大きく下がるはずです。

なお、妻が専業主婦を望むのであれば、その理由をはっきり聞きましょう。あなたが妻ならば、夫が納得できる説明をしてください。


子育てが終わった妻は、実は喜ぶべきなのです。20代のころの自分がやりたかった仕事に向かって努力する時間が作れるのですから。

夫は妻に、「パートの時間を増やして」と言うのではなく、「どんな夢を実現したいのか」を聞いてください。妻は「どうせ無理」と、スタートラインに立つ前にあきらめたりせずに、夢を実現する方法を考えてください。

「夢の実現に向けて必要な資金を貯めるためにパートの時間を増やす」のと「家計のために仕方なくパートの時間を増やす」のとでは、どちらが働く意欲が湧《わ》きますか？

どちらが人生を楽しめますか？

答えは明らかですよね。

この章でお伝えしたかったこと

●「専業主婦家庭」は約1000万世帯あり、家計を改善できる可能性を秘めている。

●健康保険料や介護保険料、年金保険料は上がり、一方で給付は絞《しぼ》られる傾向がはっきりしてきた。

●夫婦二人で働くことで、「老後」という難局を乗り切れる。

第2章　お金の自由度を上げると、生活が安定する

年収の壁を意識する人ほど損する

ここからは現実的な話をしていきましょう。

夫は正社員として安定した収入を得ていて、妻は専業主婦。だけど、パートで働いて家計を助けている――そんな夫婦の話をよく聞きます。そして、「だから妻は、103万円の壁を意識して働いているんですよ」と。

「だから」の意味は？

「壁」ってナニ？

そう思った人は、正しい働き方をしていると安心してください。

ありがちなことですが、「壁」を意識して働いている人は、「実はあまり意味のない努力をしているのではないか」と、ちょっと視点を変えて考えてみてください。

まず「壁」の謎解きから。

会社員の夫を持つパート主婦が壁を意識して働く理由は、年収がある一定の金額に達すると所得税を負担したり、配偶者控除が使えなくなったり、健康保険や年金保険などの社会保険料を自分で負担したりすることになるからです。

最初の壁は１００万円。これを超えると、住民税が徴収されるようになります。といってもわずかな金額なので、この１００万円を意識して働く人は少ないでしょう。

続いて「１０３万円の壁」があります。一時期、この１０３万円の壁は、主婦が読む雑誌などでよく取り上げられました。

１０３万円とは、給与所得控除65万円と基礎控除38万円の合計額のことで、１０３万円までであれば所得税がかかりません。また、会社員の夫のほうは、妻が年収１０３万円以下であれば38万円の配偶者控除が受けられ、所得税と住民税が安くなるため、「１０３万円」を超えないほうがお得だという考え方です。

次は、「１３０万円の壁」。妻の年収が１３０万円未満であれば夫の扶養《ふよう》に入り、健康保険料や年金保険料といった社会保険料の負担がありません。年金の場合、すでにお話しした第３号被保険者になるからです。しかし、年収１３０万円以上になると、妻も社会保険料を負担することになります。

続いて現れる「１４１万円の壁」もあります。妻の年収が１０３万円を超えたところから

図表9　2016年10月から妻の収入が106万円超で社会保険料発生
（控除を受ける夫の年間合計所得は1000万円以下）

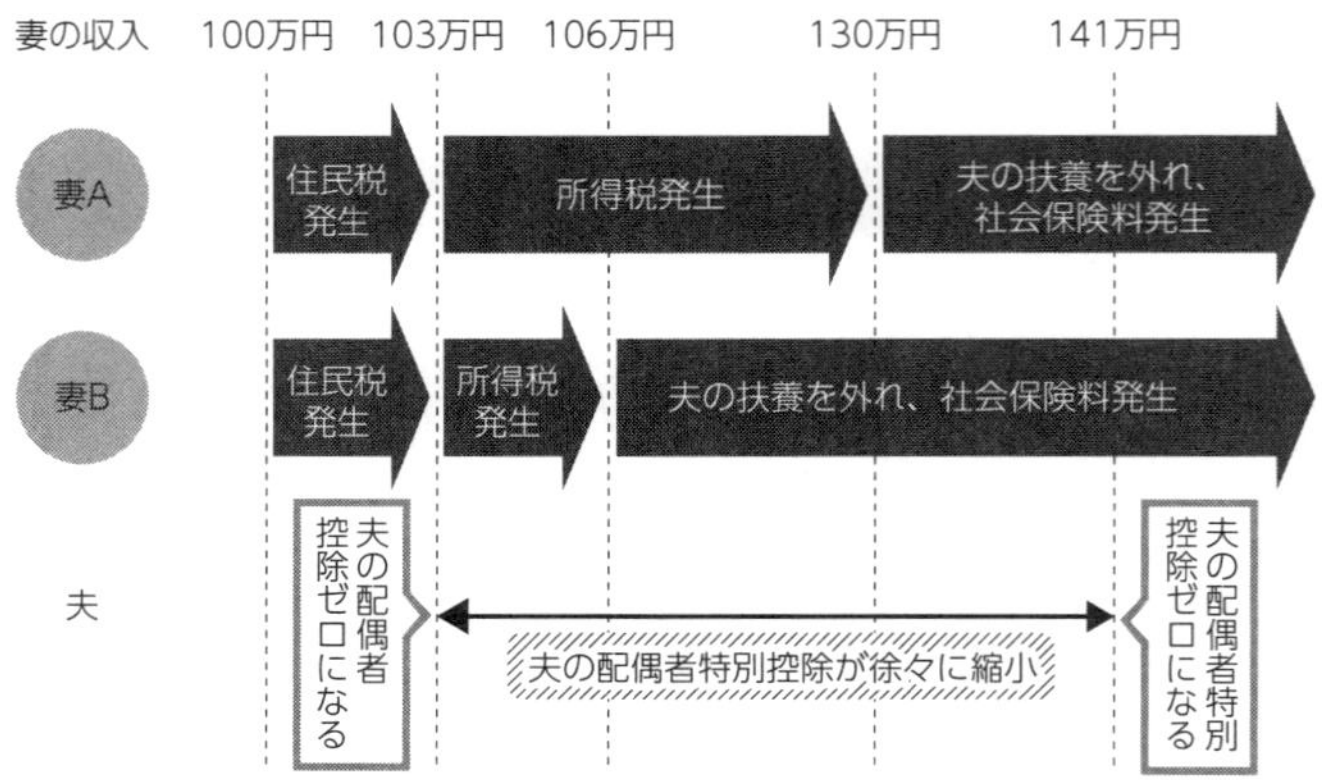

（注）妻Aは、現行の制度で働くケース
妻Bは、2016年10月から501人以上の企業で働くケース
・週20時間以上
・給料が月8.8万円以上
・1年以上働くことが見込まれている

配偶者特別控除が徐々に縮小していき、ゼロになることを指しています。

そして、２０１６年10月からは、従業員５０１人以上の企業で働くパートの主婦には「１０６万円の壁」が出現します。パートで週20時間以上働き、年収１０６万円以上の人は勤務先の厚生年金に加入するという壁です。

妻自身の年金が増えるというメリットがあるものの、第３号被保険者のほうが心地よいという人もいそうですね。また、１０６万円の壁は、当初は従業員５０１人以上の企業が対象ですが、３年以降をメドに５００人以下の企業にも広がっていくでしょう。国には年金保険料を負担する人を増やしたいという意図《いと》があるのですから。

「壁」がある、「だから」年収が増えないように意識して働いている――それが答えでした。

パート収入を妻のおこづかい、あるいは家計の足し程度に捉《とら》えているのであれば、壁を意識したい気持ちもわかりますが、家計を守るために働く、妻の夢を実現するために働く場合の正しい働き方とは、壁を意識せず、働けるだけ働くということなのです。

１０３万円より１３０万円の壁！

先ほど解説したように、妻が扶養家族に入っていれば、年収１０３万円以下なら所得税の負担が減る配偶者控除が使えるし、年収１３０万円未満なら年金や健康保険の負担が生じることもありません。

ここでは、いろいろなシミュレーションをしてみましょう（住民税などは各自治体で異なるので、以下、自治体ごとに数値に多少の増減が発生します）。

まず、夫の年収を５００万円として、妻の収入が変化することによって夫の手取り額、世帯の合計手取り額がどう変わるのかを計算します。図表10を見ながら読んでください。

①妻の年収100万円のケース

妻の手取り年収は100万円、夫の手取り年収は397万3000円で、世帯の手取り額は497万3000円です。

②妻の年収103万円のケース

妻の手取り102万5000円、夫の手取り397万3000円、世帯の手取り499万8000円です。妻の年収が3万円増えたのに、世帯の手取りでは2万5000円しか増えていません。これは住民税5000円がかかったためです。

③妻の年収129万円のケース

妻の手取り127万2000円、夫の手取り395万6000円、世帯の手取り522万8000円です。配偶者特別控除になったことで、妻の年収が103万円のときに比べ、夫

図表10　妻の収入で手取りはどう変わる？

単位：円

妻の収入	100万	103万	104万	129万
税金や保険料を引いた妻の手取り額	100万	102万5000	103万5000	127万2000
税金や保険料を引いた夫の手取り額	397万3000	397万3000	397万3000	395万6000
夫婦（世帯）の合計手取り額	497万3000	499万8000	500万8000	522万8000

妻の収入	130万	140万	160万
税金や保険料を引いた妻の手取り額	110万6000	118万7000	135万
税金や保険料を引いた夫の手取り額	394万6000	390万5000	390万2000
夫婦（世帯）の合計手取り額	505万2000	509万2000	525万2000

(注) それぞれ1000円単位で四捨五入しているため、実際には夫婦の手取り合計の端数は合わない。夫婦とも40歳未満。協会けんぽ東京都に加入しているものとする

の手取りが1万7000円減っています。

④妻の年収130万円のケース

妻の手取り110万6000円、夫の手取り394万6000円、世帯の手取り505万2000円です。130万円の壁を超えたことで、妻自身が社会保険料を負担することになり、妻の手取りは年収129万円のときに比べて16万6000円減っています。夫の手取りも1万円減り、世帯の手取りは17万6000円も減りました。

年収が1万円増えて壁を超えると、世帯の手取りが17万6000円減るというのは気になるところかもしれません。ただし、妻自身が社会保険の被保険者本人になるため、病気やケガの保障、老後の年金額が増えるなどのメリットもあります。

共働きのほうが税負担が軽い？

いざ行動を起こし、働き始めると、壁を意識して働き方や働く時間を調節するより、仕事をすることの面白さのほうに目が向くこともあるでしょう。人手不足が叫《さけ》ばれる現在、その姿が経営幹部や上司に認められて、契約社員や正社員にならないかという誘いを受けることもあるかも。そうなったときの年収は、300万円台を目安にすることができます。

なにごともやってみないとわかりません。会社の規模や給与体系、役職や保有資格などによって変わるでしょうが、まずは2014年の女性正社員の平均年収が354万円（DODA転職支援サービスに登録した約16万人のデータを基《もと》にインテリジェンスが集計）であることを知っておきましょう。

それでは、再びシミュレーションしてみます。

たとえば夫婦共働き（わかりやすく「子どもなし」とする）で、妻の年収が350万円の場合、社会保険料や所得税、住民税を負担することになり、手取り年収は292・6万円になります。扶養の範囲内で働くよりも、家計が楽になることがわかりますよね。

では、次に条件を変えて試算してみましょう。単純に年収1000万円の夫（あるいは妻）の手取りと、夫の年収500万円＋妻の年収500万円＝世帯の年収1000万円の手取り年収とを比べてみます。

年収1000万円の人の手取りは729・5万円。年収500万円の人はともに「扶養なし」になるので、手取りは各々390・2万円となり、2人分で780・4万円。共働きのほうが、51万円ほど収入が多くなるのです。

夫の年収が1000万円の家庭は、生活が楽なように見えますが、実は年収500万円ずつの共働き夫婦のほうが「使えるお金」が多いのです。これはちょっと意外だったのではないでしょうか。

一生涯同じ会社に勤める終身雇用の時代は過ぎ去っています。給料も、勤続年数によって上がっていくわけではありません。大企業でも大幅なリストラが行われています。ご自分の人生と家族の生活をひとつの会社だけに頼ることには怖さを感じます。税金も、社会保険も、「家族がいるから」という〝おまけ〟はもうなくなってきています。

これからの時代は、一人ひとりで働くほうがお得――。この例からも、共働きの有利さがわかっていただけるのではないでしょうか。

家計簿は家計の財務諸表

「夫が家計に無関心で困る」

妻である女性たちからは、そんな嘆《なげ》きも聞こえてきます。夫からすれば、「僕が稼《かせ》ぐから、あなたはしっかり家計を守って」ということなのでしょうが、夫がいくら頑張っても構造的に稼ぐことが難しくなっているからこそ、家計には関心を持っていただきたいのです。

「僕も稼ぐから、あなたも稼いで！　そして家計は二人で管理しよう」

これからの時代は、そんなふうに意識を変えることができれば、将来の備えが万全なものになるでしょう。

「その趣旨《しゅし》はわかるけれど、実際にちまちまとレシートを集めたり、家計簿に貼ったたり、記録するのは面倒」、さらには「レシートをもらうのは恥《は》ずかしい」とまで言う夫は意外に多いのですが、それは〝思い違い〟です。

「面倒」「恥ずかしい」という夫は、会社の経費を使うときに領収書をもらわないのでしょうか？　コーヒーショップで打ち合わせをするときの数百円の出費でも、しっかり領収書を

図表11　バランスシート

資産		負債	
預貯金・定期預金など	(　　　　) 万円	住宅ローン	(　　　　) 万円
株式・投信など	(　　　　) 万円	住宅ローン以外のローン	(　　　　) 万円
生命保険	(　　　　) 万円		
自動車	(　　　　) 万円	合計	(　　　　) 万円
住宅	(　　　　) 万円		
合計	(　　　　) 万円	純資産	(　　　　) 万円※

〈金額の考え方〉

資産・負債ともに、時価で記入。

株式・投信など→いま売ったらいくら？

生命保険→いま解約したら解約返戻金はいくら？

自動車・住宅→いま売ったらいくらで売れる？

と考える。

※マイナスなら債務超過。
立て直し策が必要！


もらっているのではありませんか？

あるいは、部下が持ってきた経費精算書を、細かくチェックをしてダメ出しをしているのではないですか？

それができるのなら、家計管理はまったく難しくありません。


家計を運営、管理するのは、会社経営と同じです。会社の経営状態がうまくいっているかどうかを確認するためには、決算期ごとに損益計算書を作り、資産状況を表す貸借対照表（バランスシート）を作ります。

図表11をご覧ください。バランスシートとは、このように左に資産、右に負債を書き出

した表のことです。「資産－負債」によって純資産がわかり、負債の下に純資産を書き込むことで、左右の合計額が同じになる仕組みです。

家計における資産は、預貯金のほかに株式などの投資商品、生命保険、車やマイホームなどが含まれます。預貯金は口座の残高を、それ以外のものは現在の時価で書きます。マイホームは購入したときの金額ではありません。ここでは、だいたいの金額を確認すれば大丈夫です。負債は住宅ローンのほか、車やカードローンなどもあれば、その残高を漏《も》れなく書きましょう。そして、資産から負債を差し引いて、純資産を計算します。

預貯金が増えても住宅ローンの残りが多いと、純資産は意外に少ないか、マイナスになることもありえます。このようにして、毎年年末にバランスシートを書き出すと、「わが家の家計の底力＝純資産」がわかり、家計に対する見方が変わります。

家計簿を会社の決算書と捉える

家計管理に興味が湧《わ》かないのは、家計簿をお金の出納《すいとう》を記録するだけのノートと捉えてしまうからではないでしょうか。

今月の出費を電卓で加算して、予算より多かったから赤字になった、という結論で終わってしまっては、子どものこづかい帳となんら変わりません。そうではなくて、家庭を会社に置き換え、家計簿を月次決算書と捉えてみてはいかがでしょう。

そして、黒字なのか赤字なのか、その金額はいくらなのか、資金繰《ぐ》りに問題はないか、過剰な出費はないか、逆にもっと充実させたほうがよい費目はないかと、夫と妻、二人で見ることで、バランスのよい理想的で強固な家計を作ることができるでしょう。

このように、家計を把握《はあく》している家庭と、何もしていないのに「なんとかなる」と考える家庭とでは、時間がたてばたつほど大きな差が生まれます。

とはいえ、ひたすら貯蓄割合を増やすことだけを考えて、現在の生活を楽しめなくなっても困ります。

何のために貯蓄が必要なのか、〝原点〟に戻って考え、あらためて夫婦で将来の夢や希望を話し合ってみることも大切でしょう。

一般的には、突然の失業や病気などに備え、ある程度の貯蓄は必要です。具体的には、6ヵ月から一年分の生活費は用意したいもの。6ヵ月、一年の余裕期間があれば、次の仕事を見つけたりするなど生活再建のめどが立つからです。ここでも、「１馬力」ではリスクがあることがわかりますね。

それ以外の貯蓄については、「何のために」という目的、「いつまでに」という期日、「いくら」という目標額をはっきりさせます。この３つを決めることが、貯蓄を成功させる大きなポイントです。

たとえば、子どもがいれば、将来の教育資金を貯めておく。マイホームを持ちたいのなら、頭金や諸費用などの自己資金を準備することが必要です。

目的が多くなると、それらを同時に貯めるのは難しくなります。ですから、いまもっとも実現したいこと、この先、数年以内に必ず必要となることから優先順位をつけていき、最後に老後などの将来に備えた長期の資金を……と、それぞれに目標額を設定していきましょう。

長期で貯めるお金の目標額は、厳密である必要はありません。一方で、教育資金のように使う時期が決まっているお金はしっかりと目標額を決めて貯めていきます。

お金には色がないのですから、〝貯め分け〟ができる人は、ひとつの積立預金口座で貯めていけばいいし、貯め分けが不得意な人は長期積み立て用と短期積み立て用を分けるといいでしょう。どちらの方法を取るにせよ、目標額が決まっていれば、給料の何％を貯蓄に回せばいいのかが計算できます。

参考までに、平均値を取ると20～30％が貯蓄に回っているようですが、人それぞれ給料の額は異なるし目標額も違うので、割合をそれほど気にする必要はありません。

節約には収入を超える効果はない

家計簿に赤字が生じていたら、どうしますか？

一時的な赤字であれば、貯蓄を取り崩して埋《う》めればいいかもしれません。しかし、恒常的に生じている赤字だったら？

まずやるべきことは経費節減、つまりは節約ですね。

「賢い節約主婦」はテレビや雑誌などでもてはやされていますが、同じように実行したからといって安心してはいけません。

収入を入り口、支出を出口とすれば、節約は出口を少し絞《しぼ》ったということ。子どもが大きくなるにつれて出費は弥が上に増えていくし、節約には、いくら頑張っても収入以上の効果は絶対にありません。どこかの時点で、「入り口を広げること」を考えなければなりません。

入り口を広げることとは、つまり、専業主婦も働くということです。すでにパートで働いているというのなら、パートの時間を増やす。先にお話ししたように、「壁」を意識した働き方は、これからの時代にはなじみません。さらには正社員を目指す、起業するという方向を目指すべきなのです。

「賢い節約主婦」という言葉に踊《おど》らされないでください。
節約主婦のみなさんが、いろいろ工夫をして無駄な出費を削《けず》ろうとする努力は素晴らしいと思いますが、節約したからといって、妻が働かなくてよくなるわけではありません。むしろ節約は当たり前、節約して家計をスリム化できた地点が「スタートライン」だと認識してください。

パートでも2500万円貯まる！

このことは、夫だけが認識していてもうまくいきません。専業主婦の妻こそ、働く意欲を持つべきなのです。

「働く意欲」を持たせるにはどうしたらいいのか、詳《くわ》しくは次の章でお話ししますが、夫の立場では「妻がやりたい仕事を見つけるための支援をする」、妻の立場では「やりたい仕事を見つけるための努力をする」のです。

キーワードは「やりたい仕事」。

おそらく多くの夫は、専業主婦をしてきた妻が「パートに出たい」と言うと、パート＝カンタンな仕事という発想で、たとえば「近くのスーパーで働けばいい」と思ってしまうでしょう。確かに、比較的カンタンに仕事を覚えられて、短時間の仕事で、期間が短くてもよく、募集の頻度が高いということでは、スーパーで募集するような職種が適しているといえます。

しかし、「2馬力」で働いて、どんな時代にも耐える家計を作るという目的では、妻にも働きがいのある仕事に就《つ》いてもらわなければなりません。

そうはいっても、社会に出て5〜6年で結婚退職して、その後10年ほど専業主婦をしているという妻が、いきなりやりたい仕事に就くことができて、第一線でバリバリ働くというケースは稀《まれ》です。

ですから、まずはウォーミングアップのつもりで、時給900円の仕事を見つけて一日5時間、週4日間働いてみる。これで月収7万2000円ほど、年収86万4000円前後になり、家計収入に86万4000円が加算されます。そして実は、これだけで家計に大きな余裕が生まれることがわかるはずです。

さらに実感していただきたいことは、年86万4000円を10年間貯め続ければ864万円、30年間なら2592万円にもなる、ということです。100%のプラスの収益を得て、時間を味方につけてしっかり蓄積していくことは、家計にとって「最強の成功方程式」なのです。退職金が減るか、なくなっていく時代において、このプラス収入がもたらすインパクトの価値は、もっと意識されていいと思います。

厚生労働省が2014年6月、旧厚生年金と共済年金を一元化した新しい厚生年金をモデルに、14年度の標準世帯の年金額を試算しました。標準世帯とは40年間、平均的な収入で働いていた会社員の夫と、同い年で結婚してすぐに専業主婦になった妻のことです。その標準世帯が65歳で受け取る年金額は、月額約21万8000円（夫と妻の基礎年金が約6万4000円ずつ、夫の厚生年金が約9万円）です。

将来の年金額は減る可能性が高いとはいえ、これに近い年金、退職金に加えて、2592万円のパート収入貯蓄があるだけで、老後の生活のめどが十分に立つと思いませんか。

妻自身も社会保険を獲得しよう

厚生労働省の試算で気になる点がひとつ。「夫と妻の基礎年金が約6万4000円ずつ」という点です。

夫には厚生年金が加算されるけれど、妻の年金は基礎年金の月額約6万4000円だけですね。

平均寿命で見る限り、夫のほうが先に亡くなるので、「その後の妻の生活」はどうなるのでしょう。標準世帯では、妻の基礎年金と夫の厚生年金から出る遺族厚生年金（夫の基礎年金はなくなる）の約13万1500円（基礎年金約6万4000円＋遺族厚生年金約6万7500円）で生活することになります。

このとき、早い時期から妻が「130万円の壁」を気にせず働く時間を増やし、妻自身が厚生年金に加入するようにしていれば、基礎年金に加えて納付した保険料に見合った厚生年金を受け取ることができます（遺族厚生年金と併給されます）。

なお、このケースでは、妻の厚生年金が優先して支給され、その年金額が遺族厚生年金の額を下回るとき、差額が遺族厚生年金として支給されます。

年金額は、収入と加入期間によって受け取る額が違ってきます。収入が徐々に上がり、長期間加入できれば年金額を増やすことができます。また、障害を負《お》ったときは、障害基礎年金に上乗せして障害厚生年金がもらえるので、妻自身の万が一に備えることもできます。

障害は、心身の状態で判定されますので、精神疾患《しっかん》やがんなどで働くことができない場合も、障害年金が受け取れます。年金には所得補償の意味合いもあります。受け取った年金には税金もかかりませんので、心強いものです。

モデル世帯の年金は月額約23万円

妻が働くことにより、世帯年収が増えます。先ほど試算したように「壁」の問題などがあり、年収が増えた分、単純に世帯手取り額が増えるわけではありませんが、生活に余裕が生まれることは確かですし、妻が会社員になって厚生年金に加入するような働き方をすれば、老後に受け取る年金収入も多くなります。

では、年金はどのくらい受け取れるのでしょう。

厚生労働省が示す公的年金のモデル世帯の年金月額は、２０１４年末時点で月額22万６０００円です。この「モデル世帯」というものは実情に合っていないと思うのですが、夫は40年間会社員として働き、妻は一度も会社勤めをしたことのない専業主婦という想定です。

年金の内訳は、夫の老齢厚生年金約９万８０００円、老齢基礎年金約６万４０００円、妻の老齢基礎年金約６万４０００円の合計22万６０００円。

ちなみに年金は、給料のように毎月受け取れるわけではなく年６回に分け、２月、４月、６月、８月、10月、12月の偶数月に２ヵ月分（４月であれば２月分、３月分）の年金が支払われます。

この年金額は、今後減ることはあっても、増えることはないでしょう。公的年金には、物価や賃金の変動率に応じて年度ごとに改定される仕組みが備わっているので、世の中がインフレになれば金額が増えることがあるでしょう。でもその金額は、「焼け石に水」程度と覚《かく》悟《ご》しておきましょう。

節税しながら年金を増やす方法

将来の年金額を増やす効果的な方法には、次の２つがあります。

ひとつは、繰り返しお話ししているように、妻が会社勤めをして厚生年金に加入すること。モデル夫婦の妻の年金は、老齢基礎年金分の約６万４０００円しかありません。ところが、厚生年金に加入することで妻の年金の上乗せが期待できます。

ここでいう「会社勤め」とは、正社員として働くという狭《せま》い意味ではありません。厚生年金の加入対象になるかどうかは、働く時間が目安になります。

パートやアルバイトでも、労働日数や時間が正社員のおおむね４分の３以上といった条件を満たせば加入することができます。週の労働時間が40時間という会社であれば、週30時間以上働くと加入対象になると考えていいでしょう。

２０１６年10月から、厚生年金加入の適用範囲が変わり、①週20時間以上働いている、②賃金を月額８万８０００円以上得ている、③従業員（被保険者）５０１人以上の企業で働いている、という要件を満たすと社会保険に加入することになります。一日４時間、週５日勤務、時給１１００円で働いているパートの人なども対象になりそうです。

16年からは大手企業で働くパートを対象にしていますが、今後、中小企業も含めたすべての会社に拡大させていく予定です。

いままでは第３号被保険者として年金保険料を負担してこなかった人も、厚生年金に加入すると保険料を半分負担することになり、目先の収入は減ってしまうかもしれません。そのため、新たに「１０６万円の壁」（月額８万８０００円を得た場合の年収に相当）ができる、と心配する人もいます。第３号被保険者に有利な条件は、どんどん少なくなっていきます。

重要な点は、「社会保険に加入する＝損」ではない、ということです。年金、健康保険、雇用保険など、お金に困った状況になると国が保険でサポートしてくれるのです。むしろ適用範囲にある人は、積極的に加入することをおすすめします。

確定拠出年金で年金を増やす

116～117ページの図表12を見てください。

1階部分の「国民年金」(基礎年金)、2階部分の「厚生年金」、さらに3階部分に「確定拠出年金個人型」「確定拠出年金企業型」「確定給付型」があります。これらはまとめて「企業年金」と呼ばれ、退職金にあたるものです。

確定給付型のひとつである厚生年金基金は、年金の受給者が増える一方、保険料を負担する現役世代が減っていることから存続が難しくなり、厚生労働省の調査では471基金(2015年1月末時点)のうち368基金が解散する方針であると報道されました。

企業年金は、これまで「確定給付型」(DB)と呼ばれ、将来いくらもらえるかという「給付」(年金額)が「確定」していました。

確定給付型のメリットは、あらかじめ年金額が決まっているので、加入者が老後の家計を

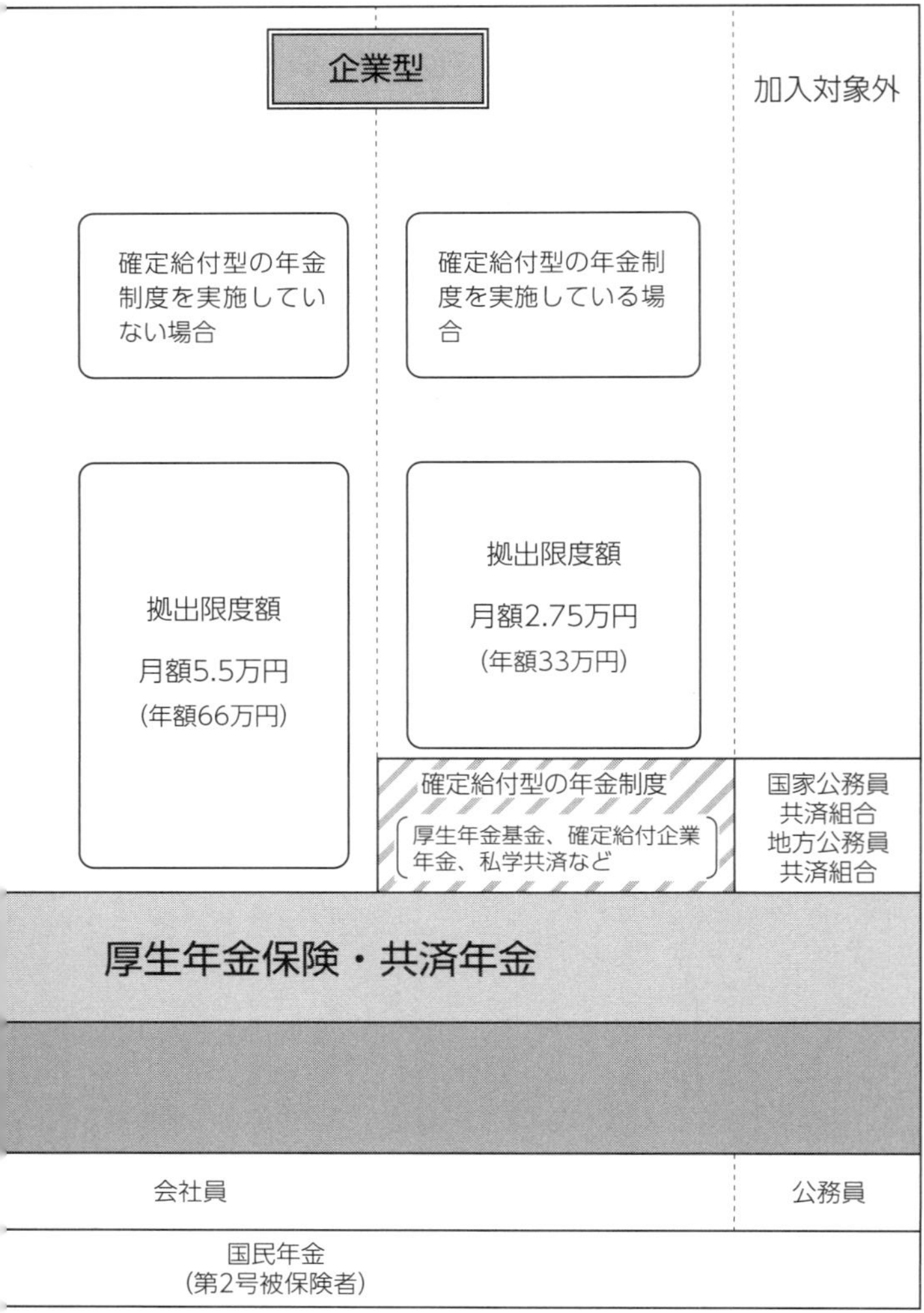
企業型
加入対象外
確定給付型の年金制度を実施していない場合
確定給付型の年金制度を実施している場合
拠出限度額
月額5.5万円
（年額66万円）
拠出限度額
月額2.75万円
（年額33万円）
確定給付型の年金制度
厚生年金基金、確定給付企業年金、私学共済など
国家公務員共済組合
地方公務員共済組合
厚生年金保険・共済年金
会社員
公務員
国民年金
（第2号被保険者）

図表12　確定拠出年金の拠出限度額

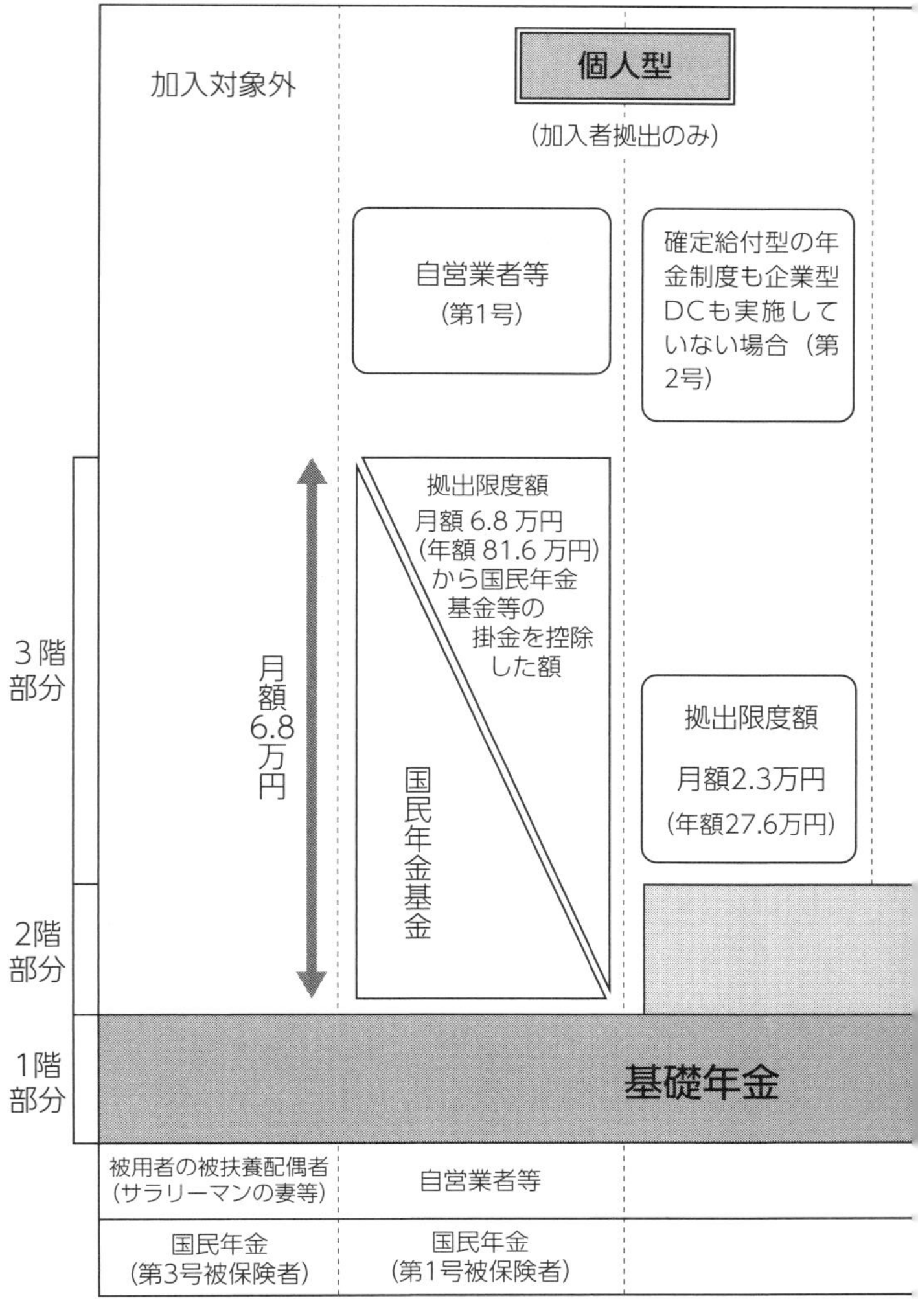

見通せること。反面、企業にとっては、確定した給付ができるような運用を行わなければならず、たとえば厚生年金基金では、足りない分を企業が補填《ほてん》する状況が続いていました。

退職給付会計の導入により、積立不足などが企業の評価に影響を及ぼすこと、雇用が終身雇用制からさまざまな働き方を選ぶ人が増える方向へと変化したことなどを背景に、２００１年に「確定拠出型」（ＤＣ）が導入されました。

これは、毎月の従業員の「拠出」（掛け金）が「確定」していて、給付（年金額）は何十年にもわたる年金保険料の運用次第で変わる、というものです。運用対象は、加入者自身が投資信託や保険、定期預金などを選びます。

投信のように、元本が保証されていない代わりに、大きく増える可能性がある金融商品で運用した場合、うまく運用できて予想以上に年金が増える人もいれば、リスクの大きすぎる商品を選んで、運用がうまくいかずに元本を割り込む人もいるでしょう。しかしそこは、自分で選んだ商品で運用したのだから、「自己責任」になってしまいます。

ここで誤解していただきたくないのは、確定拠出型の対象は3階部分に限られるということ。1階部分、2階部分は公的年金なので、3階部分でうまく運用できなくても年金がもらえなくなるということではありません。

企業型ＤＣの掛け金は会社が負担

また、確定拠出型年金には「企業型ＤＣ」と「個人型ＤＣ」とがあります。企業型は、３階部分の年金のことでしたね。

企業型ＤＣの重要な点を、わかりやすく箇条書きにします。

①掛け金を拠出するのは会社です
②毎月従業員の個人別専用口座に拠出します
③従業員は、会社の用意した金融商品の中から、年金を運用する商品を自分で選択します
④原則として、60歳になったら個人別専用口座から引き出して、年金または一時金として受け取ることができます

企業型ＤＣは、退職給付制度という位置づけなので、会社が掛け金を拠出する仕組みとな

っています。しかし2012年1月の法改正によって、加入者（従業員）も一定の範囲内で事業主（会社）の掛け金に上乗せして拠出ができる「マッチング拠出」という制度ができました。

マッチング拠出の金額には上限が設けられています。拠出限度額は、会社の掛け金との合計で月額5万5000円を超えることはできません。企業年金を併用している場合は月額2万7500円です。

また、加入者の掛け金は、会社の掛け金を上回ることができません。これは、企業年金の主たる拠出者は会社であるという考えに基づいています。

個人型DCは自助努力

会社によっては、企業型年金がないところもあります。自営業者は厚生年金すらありませんね。そこで、個人の年金を増やす手段として「個人型DC」という制度ができました。

個人型DCはこんな内容です。

①企業年金のない会社の従業員と、自営業者など第1号被保険者が加入できます
②掛け金は個人で負担します
③加入者本人が運営管理機関と個人型プランを選んで、毎月掛け金を拠出します
④選択した個人型プランにある金融商品の中から加入者が運用商品を指定します
⑤原則として60歳から年金、または一時金として受け取ることができます

掛け金の上限額は、自営業者で月６万８０００円、会社員で月２万３０００円。これに加入する第一の理由は、将来の年金を自助努力で増やすことですが、掛け金を払い続ける現役時代にも大きなメリットがあります。それは、掛け金の全額が所得控除の対象となり、税金が減ることです。

メリットを計算してみましょう。

所得（年収）からさまざまな控除を引いた、税金の対象となる課税所得が４００万円の人のケースです。

会社員の上限額月２万３０００円は、１年間では27万６０００円。掛け金が全額所得控除

の対象となるので、課税所得も大幅に減ります。
税率を30％（所得税20％、住民税10％）とすると、27万6000円×30％＝8万2800円の節税＝自分の資産を増やすことになります。一般的には、会社に長く勤める人ほど課税所得が上がっていくので、20年、30年と続ければ、節税メリットはさらに大きくなるでしょう。

さらに、2017年1月からは、個人型確定拠出年金の加入可能範囲が拡大される予定です。現在、加入できない企業年金加入者、公務員、第3号被保険者についても加入することができるようになるのです。

新規に加入できる人の拠出限度額は、次の通りです。

・企業型確定拠出年金（ほかの企業年金がない場合）　年額24万円
・企業型確定拠出年金（ほかの企業年金がある場合）　年額14・4万円
・確定給付型年金のみの加入者、公務員　年額14・4万円
・第3号被保険者　年額27・6万円

なお、現在は月単位で設定されている拠出限度額は、年単位になります。

確定拠出年金の対象外であった人が対象になることで、60歳未満であれば、誰もが何らかの確定拠出年金を利用できるようになるわけです。退職して専業主婦になり、その後、再就職したといった場合でも、確定拠出年金を継続できるようになります。

ＤＣなら60歳から受け取れる

現在、30代、40代の現役世代が、国民年金や厚生年金を受け取ることができるようになる年齢は65歳です。

確定拠出型年金は一足早く、原則60歳から受け取れます。一時金として受け取ることも、年金形式で受け取ることもできるので、60歳時点の状況によって判断すればいいでしょう。

一時金として受け取ると、退職所得控除が受けられます。勤続年数が20年以下の人は「40万円×勤続年数」（80万円に満たない場合には80万円）、20年を超える人は「８００万円＋70万円×（勤続年数－20年）」という計算式で控除金額を算出します。

たとえば勤続年数30年の人は、「８００万円＋70万円×(30－20)」となり、１５００万円まで非課税です。

自営業者には通常退職金がなく、退職所得控除も受けられませんが、個人型ＤＣを使うと退職所得控除が受けられるようになり、税金面で有利になります。

専業主婦は、国民年金のみで月５万〜６万円程度ですから、個人型ＤＣに加入できるようになるとこれに上乗せすることができ、「自分年金」が作れるようになります。専業主婦は所得がないため、所得税を支払っていません。そのため、加入中の節税効果はありませんが、運用中に税金がかからないこと、老後になって受け取るときに税金メリットがあるということです。

いずれにしても、ＤＣを活用して自分で年金を作るためには、投資信託などの知識は欠かせないものです。

投資信託で積み立て分散投資を

投資信託は、資産運用の専門家が多くの投資家から資金を集め、そのお金で株や債券などさまざまな資産に投資し、運用する金融商品です。運用によって生じた利益は、投資額に応じて投資家に分配されます。

運用成績によっては、元本割れする可能性もあり、外貨建ての場合は為替《かわせ》の影響もあります。どこにどのくらいの割合で投資しているファンドなのか、また、手数料などかかるコストについても確認することが必要です。

長期でリスクを抑えた運用をするには、国内外の複数の資産に分散して投資するのがいいといわれています。基本となる投資対象は、「国内債券」「国内株式」「外国債券」「外国株式」の4市場です。しかし、この4つの資産クラスの値上がり率の順位は、常に変動しています。毎年1位の市場を当て続けることは不可能です。

そこで、低コストの金融商品で国内外の株式や債券に幅広く投資する方法がいいでしょう。

一般的には債券と株式は異なる値動きをすることが多いもの。株式だけ持つと値動きは大きくなりますが、債券も併せて持つことで安定した値動きになるわけです。日本だけではなく、海外の資産を持つことで投資先の地域や通貨も分散することができます。

しかし、25%ずつの分散投資をしていても、しばらく運用を続けると、配分のバランスが崩れていきます。値上がりしているものの比率が上がり、値下がりしているものの比率が下がるからです。大切なのは、定期的にチェックして元の比率に戻すことです（これを「リバランス」といいます）。

ただ、リバランスをするには、値上がりしているものを売って、値下がりしているものを買い増すなどしなければなりません。心情的に抵抗があり手間もかかります。そこでおすすめなのが国際分散型バランスファンドです。これを利用すれば、一本のファンドで分散投資ができて、リバランスも自動的に行われます。

資産配分の比率や運用実績、コストも確認しましょう。

最近では、たとえば1000円、5000円からといった少額の資金で、複数の資産に分散することができるようになっています。

また、積み立てを行うなら、NISA（少額投資非課税制度）を利用するのもいいでしょう。

NISAは、毎年、投資金額100万円までの株式や投資信託に対する配当金や売買益な

図表13　投資信託を活用する

国際分散型バランスファンドの例（投資対象：株、債券）

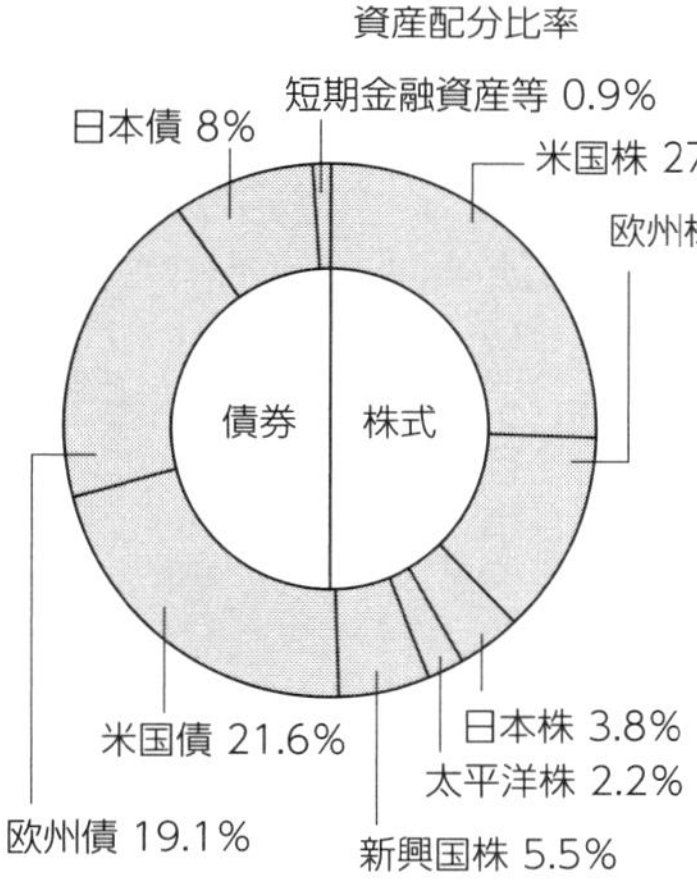

セゾンバンガード・
グローバルバランスファンド
〈セゾン投信〉
2014年12月30日現在

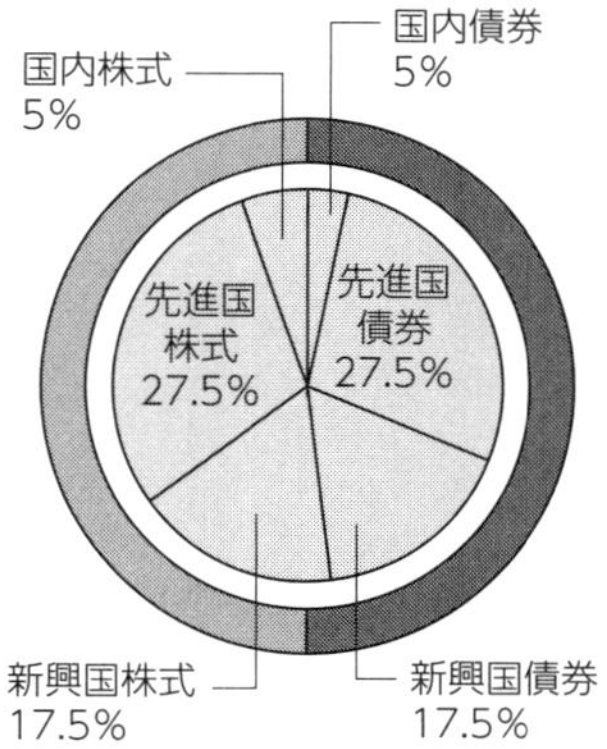

世界経済インデックスファンド
〈三井住友トラスト・
アセットマネジメント〉
2015年2月末現在

NISAの概要

項目	摘要
制度を利用可能な者	20歳以上の居住者等
非課税対象	上場株式等・公募株式投信の配当金・売買益等
非課税投資額	毎年、新規投資額で100万円を上限
投資可能期間	10年間（2014～2023年）
非課税期間	投資した年から最長5年間 （さらに5年間延長するロールオーバーも可能）
途中売却	自由（ただし、売却部分の枠は再利用不可）
損益通算	特定口座等で生じた配当・譲渡益との損益通算は不可
口座開設数	1人1口座

どが最長5年間非課税になる制度です。通常20・315%かかる税金が免除されるため、その分投資効果がアップします。

２０１６年からは非課税の積立額が１２０万円になり、また、ジュニアＮＩＳＡが始まるなど、改正が続く予定です。

会社で働くなら正社員を目指そう

ここまで、将来、厚生年金を受け取ることを前提に、現在は専業主婦、または「壁」を気にしつつパートで働いている妻が就職して、社員の身分で働くことのメリットを確認しました。「会社員として働きたい」という希望のある妻であれば、契約社員や派遣社員ではなく、雇用が安定し、収入も多くなる正社員を目指しましょう、ということです。

正社員と契約社員を比較すると、正社員のほうが有利なことが多いと感じます。

まず雇用期間で比較すると、正社員は就業規則に定められた定年年齢（いわゆる終身雇用）まで、契約社員は契約書に定められた有期の期間。

会社が用意している福利厚生は正社員がすべて利用できるのに対し、契約社員は会社によって範囲が決められていることがあります。

給料や賞与は、正社員が就業規則の賃金規程に記載された通りに支払われる月給制なのに対し、契約社員はいわゆる日給月給制（出勤した日の日給を給料日にまとめて支払う）で、賞与についてはは支給されないことが多いといえます。見た目の給料は契約社員のほうが多いケースもあるようですが、ボーナスや退職金なども考えれば、収入は正社員のほうが多いでしょう。

そして、正社員の身分であれば給料を安定してもらえて、福利厚生の制度もあり、なによりも解雇されにくく、本人に適性があれば出世の階段を上ることもできます。

だからといって、簡単に正社員になれるわけではありません。正社員になりたくても求人はパートばかり、契約社員という形態も多いですね。正社員を目指すための具体的な方法は次章でお話ししましょう。

この章でお伝えしたかったこと

●世帯年収を増やすためには、年収の壁を意識せずに働けるだけ働く。

●厚生年金加入を目指す。妻自身が年金保険料を負担することになり、目先の収入は減るかもしれないが、老後に向けての大きな蓄《たくわ》えになる。

●働くことで、確定拠出年金を利用する。現役時代に節税をしながら、自分年金を作ることができる。

第３章　どうすれば妻はよろこんで働いてくれるのか

専業主婦の就職の現実

あなたが夫だとして、自分自身が大学3年生だったころを思い出してください。第一の目標は、大手企業への就職だったのではないでしょうか。

その思いは、現在は専業主婦である妻も同じだったでしょう。〝就活スーツ〟に身を包んで会社説明会に行き、手書きの履歴書を持って面接に臨《のぞ》んだ経験のある主婦も多いはずです。いまは専業主婦でも、もともとは大手企業で会社勤めをしていたかもしれません。

そこで、専業主婦から会社員になる第二の就職でも大手企業を目指したいところですが、現実は非常に厳しいといえます。

ここではっきりさせておきますが、大手企業に再就職の口はほぼありません。相手企業が求める経験と実績を持つ現役正社員の転職であれば可能性はあるものの、新卒から数年の会社勤め経験しかないような人は、残念ながら対象外。

かつて勤めていた企業からパートなどとして採用されるケース（たとえば金融機関が支店の応援要員として、身元が確かで仕事を知っている元社員をパートとして雇うなど）はありますが、長く働いて実績を積んだからといって正社員に登用されることはほぼないと考えるべきでしょう。

なぜなら、大手企業は新人を採用して、自社の社員として育てる方式を採《と》っているからです。最近は転職者の募集も多くなりましたが、それは弱点の補強が目的であり、通常は新卒採用で人員をまかなっています。

狙うは地元中小企業の正社員

それよりも目指すべきは、地元の中小企業です。ハローワークで求人を探したり、雑誌広告を見ることも必要ですが、会社のホームページをチェックしたり、実際に会社を訪ねて求人情報を得る方法が手っ取り早いでしょう。

求人している会社には張り紙がしてあるはずです。古典的と思うでしょうが、意外に張り紙の求人は多いものです。

張り紙を見つけたら、すぐに会社訪問をする――といっても大げさに考えず、「求人の張り紙を見たのですが、まだ募集をしていますか」と聞くだけでいいのです。目的は会社の雰囲気を知ること。応対した社員の受け答え、社内の様子から、敬遠したほうがいい会社であればすぐにそれとわかるはずです。

会社側も応募者を面接して観察するように、求職者のほうも会社を観察するのです。口実なく会社に立ち入ることはできませんが、「まだ募集をしていますか」は立派な口実です。

中小企業は、社長の判断ですぐに結論が出るので、「まだ募集をしていますか」の段階でも、失礼のない服装で訪問し、履歴書と面接時の答えは用意しておいたほうがいいでしょう。

この時点で、業務にプラスになる資格を取得していれば、即日採用が決まる可能性が強まります。

専業主婦である妻の就職は、新卒の就職ではないことを肝《きも》に銘《めい》じて、

①事前の準備を怠《おこた》らない
②会社を選ぶのではなく、会社に選ばれる

ことを目指しましょう。

第一段階：やる気を引き出す

次に考えたいのは、妻に働く気を起こさせる「第一段階」、妻のスキルアップを支援する「第二段階」、起業も含めた最終的な目標を決める「第三段階」に分けてサポートしていくことです。

まずは第一段階。

どうすれば妻に働く気持ちになってもらえるか。大切なことは、「働く動機」を見つけてもらうことです。家計が破綻《はたん》寸前という状況であれば否応なく働くしかないのですが、そうでない場合、２つの動機が考えられます。

①夫婦の将来や万が一に備えて収入を増やす
②妻自身の生きがいを見つける

①については、すでに解説したように、夫の給料は伸び悩み、社会保険料や税金の負担は重くなり、老後の年金は削減される方向にあることから、強い家計を作るために、妻も働いて収入を増やすという動機です。

②についてですが、誰でも「人の役に立ちたい」という気持ちを抱いています。妻も、子どもが小さい時期は子育てに懸命になっていて、社会に目が向かなかったかもしれませんが、時間的な余裕ができれば「何かをしたい」という欲求が湧《わ》いてきます。

それがボランティアだったり、ＰＴＡ役員だったりするわけですが、さらに踏《ふ》み出し現役に戻ることで、社会の一員としての責任を担《にな》いつつ、収入を得ることができるようになります。これが生きがいとなり、働く動機になります。

しかし、長らく仕事の第一線から離れていると、現役に戻ることに及び腰になるのは当然です。また、30代後半以降の妻であれば、20代のころに獲得したスキルはさびついていて使いものにならないのでは……と不安に思っていることでしょう。

残念ながら、その不安は当たっています。

たとえば、いまから15年前のオフィスではまだワープロ専用機が活躍していたので、その応用でワードを使ってきれいな書類を作ることはできるかもしれません。しかし、現在のオフィス環境では誰でも使えて当たり前のエクセルやパワーポイントの使い方を、ビジネスで通用するレベルで習得している人は少ないと思います。幼稚園や小学校のＰＴＡ役員などは、収支決算書を作成するのにエクセルを使うことはありますが、その程度のスキルでは心もとないところでしょう。

そこで、事務系の仕事に就《つ》くときの基本的な力を獲得するために、マイクロソフトがワード、エクセル、パワーポイントなどのオフィスソフトのスキルを認定する検定試験「ＭＯＳ（マイクロソフトオフィススペシャリスト）検定」を受ける、といった努力が必要になってきます。検定を持っているからといって給料が上がるわけではありませんが、オフィスソフトのひと通りのことができると、就職には有利です。

ソフトの使い方を学ぶことに限らないのですが、妻が長く会社勤めから離れていればいるほど、夫はスキルを習得することに理解を示し、応援してください。

第二段階：資格を取る

第二段階は「資格の取得」です。

目指す仕事により、取得する資格も異なります。たとえば将来、カフェや飲食店開業を目標とするのであれば、食品衛生責任者の資格を取得しておきましょう。板前やコックを目指すのでなければ国家資格の調理師免許までは必要ありませんが、それでも、取るチャンスがあるのならチャレンジしましょう。

パティシエも人気の職業です。ケーキ作りは資格がなくてもできますが、国家資格の製菓衛生師を取得することで安全な食品に関する知識が身についたり、就職に有利になったり、将来の開店時に店の信用を高める役割をしてくれそうです。

また、病院やクリニックのバックオフィスを担う医療事務、薬剤師の仕事を事務でサポートする調剤薬局事務、介護報酬請求業務を行う介護事務などの資格は比較的簡単に取得できて、就職にも有利に働く資格です。

事実、最近主婦に人気なのは、医療事務、調剤薬局事務、ファイナンシャル・プランナーなどの資格だそうです。病院は全国にありますから、医療事務の資格を持っていれば、引っ越しなどしたとしても、新居の近所で仕事が見つけやすいといえます。ファイナンシャル・プランナーは受験資格がないので、チャレンジしやすい資格です。お金の勉強をしますから、就職はもちろん、自分の家計にも強くなれます。

国が資格取得の費用を一部負担

厚生労働省は「教育訓練給付制度」を設けています。この制度は能力開発の取り組みを支援し、雇用の安定や再就職のチャンスを拡充しようとするものですが、２０１４年10月から、従来からある「一般教育訓練の教育訓練給付金」と、厚労省が専門的・実践的な教育訓練として指定した講座が対象となる「専門実践教育訓練の教育訓練給付金」に分かれました。

まず、一般教育訓練の教育訓練給付金のお話をします。

これは、仕事に就くために役立つスキルを修得したい人が指定の講座を受講すると、修了後に受講料の20％（上限10万円）が支給されるという雇用保険の給付制度です。一般教育訓練では情報処理、語学、簿記、社会保険労務士、宅建、ホームヘルパー、インテリアデザイナーなどの幅広い講座が対象になっていて、通信教育で勉強できる講座もあります。対象講座は、厚生労働省の講座検索サイトで検索してみましょう。

ただし、誰でも給付が受けられるというわけではありません。通算3年以上（初回のみ1年以上）の雇用保険の一般被保険者期間があり、在籍中か離職して1年以内に講座が始まる人が対象です。そのため、退職して1年以上経過しているとか、ずっと専業主婦で働いた経験がないという人は残念ながら対象外ですが、現在は「壁」を気にせずパートで働いていて雇用保険に加入しているということであれば、ぜひ利用を検討しましょう。

本格的に専門職で働くためには、専門実践教育訓練の教育訓練給付金を利用できる資格を目指したほうがいいでしょう。この給付金は、看護師や介護士などの資格が得られる専門学校や、専門職大学院への通学などに使えます。

例を挙げれば、看護師、准看護師、歯科衛生士、助産師、救急救命士、はり師、介護福祉士、保育士、柔道整復師、社会福祉士、調理師、美容師、理容師、栄養士、測量士などの資格取得を目指したり、アニメやファッション、コンピュータなどの専門学校に通ったりすることができます。

給付額は、教育訓練施設に支払った教育訓練経費の40％に相当する額です。その額が1年間で32万円を超えてしまうと、32万円（訓練期間は最長で3年間となるので最大で96万円）です。専門実践教育訓練の受講を修了したあと、資格などを取得し、受講修了日の翌日から1年以内に就職すると、教育訓練経費の20％に相当する額を追加して支給してもらえます。つまり、合計で6割が支給され、自己負担分は4割で済みます。

ただ、その額が144万円を超えると、144万円（訓練期間が3年の場合で、2年では96万円、1年は48万円が上限）となります。

専門実践教育訓練の教育訓練給付金の手続きは、訓練対応キャリア・コンサルタントによる訓練前キャリア・コンサルティングにおいて就業の目標、職業能力の開発・向上に関する事項を記載した「ジョブ・カード」の交付を受けたあと、以下の書類をハローワークへ提出します。

なお、この手続きは、受講開始日の1ヵ月前までに行う必要があります（支給を受けるための支給申請は、別途手続きが必要）。

・教育訓練給付金および教育訓練支援給付金受給資格確認票
・ジョブ・カード（訓練前キャリア・コンサルティングでの発行から1年以内のもの）または「専門実践教育訓練の受講に関する事業主の証明書」
・本人・住居所確認書類
・雇用保険被保険者証
・教育訓練給付適用対象期間延長通知書
・写真2枚
・払い渡し希望金融機関の通帳またはキャッシュカード

専門実践教育訓練の教育訓練給付金の支給申請手続きは、教育訓練を受講した本人が受講中および受講修了後、原則本人の住居所を管轄するハローワークに対して、次の書類を提出することによって行います。

・教育訓練給付金の受給資格者証（教育訓練給付金および教育訓練支援給付金受給資格者証）
・教育訓練給付金支給申請書
・受講証明書または専門実践教育訓練修了証明書
・領収書
・返還金明細書
・資格取得等をしたことにより支給申請する場合は、資格取得等を証明する書類

専門実践教育訓練を受講中は、受講開始日から6ヵ月ごとの期間（支給単位期間）の末日の翌日から起算して、1ヵ月以内に支給申請を行う必要があります。

資格取得やスキルアップのために通う専門学校などの学費は、けっして安いとはいえません。専業主婦である妻は、家計から捻出《ねんしゅつ》することをためらうかもしれません。けれども、この給付金を利用すれば、100万円かかるところを40万円に抑えることができます。ぜ

図表14　専門実践教育訓練を受けられる？

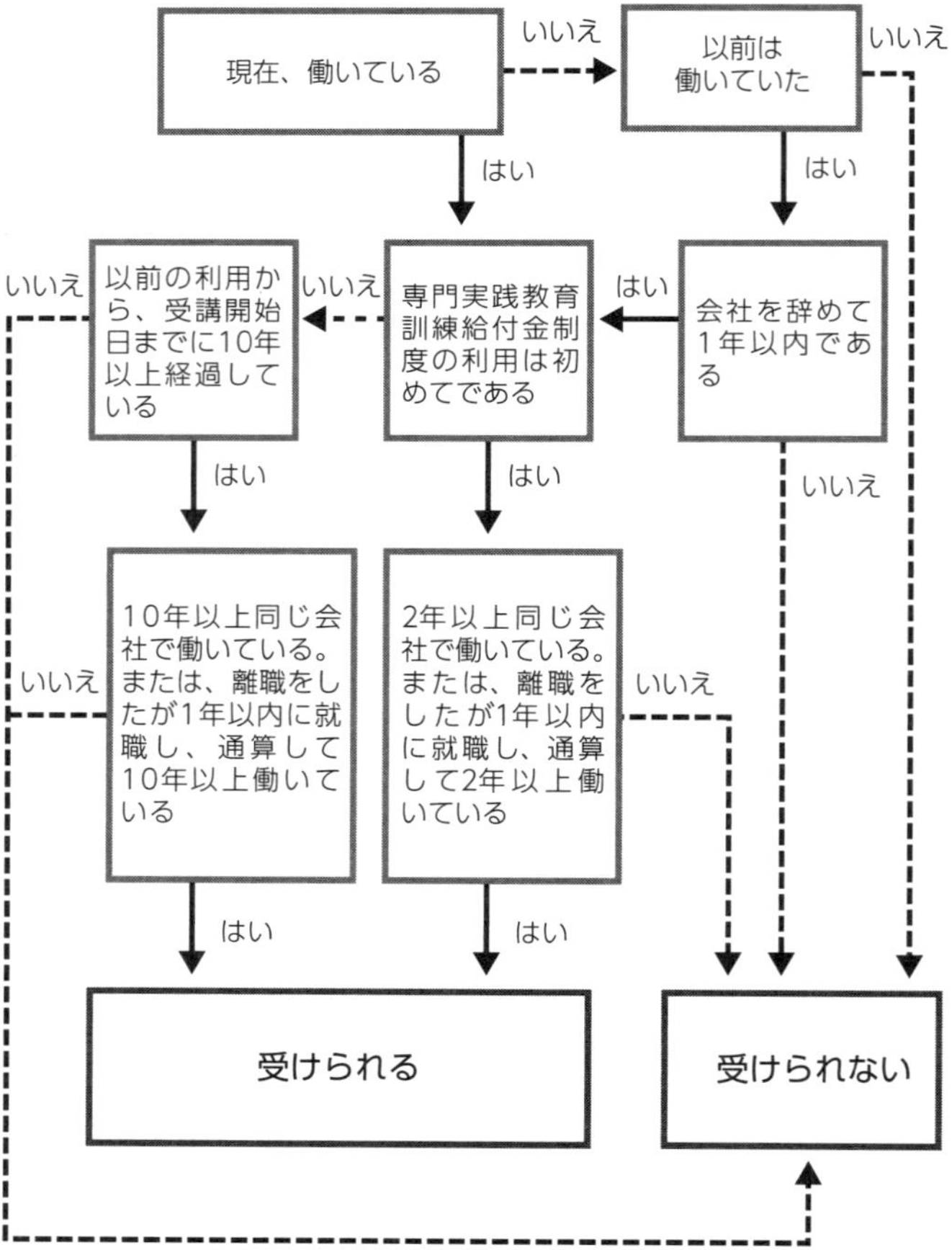

ひ、夫であるみなさんは、「栄養士の資格に挑戦してみたら？」というように、妻の背中を押してあげるようにしてください。

夫は自分に置き換えて応援しよう

資格には、取得まで時間のかかるものもあります。お金の面でもやりくりが必要かもしれません。また、専業主婦であれば、家事や子育ての合間に勉強をしなければなりません。一度で合格するなど、短期間で成果を上げることに成功した主婦に共通する「強い気持ち」の原動力としては、いったい何が必要になるのでしょうか。

まずは就職がしやすくなったり、時給が高くなったりするという動機でしょう。しかし、多くの資格を取得した人は、「社会の一員となって社会の役に立っているという実感が得られることだ」と言います。社会の一員といっても大げさなものではなくて、職場で頼りにされる、必要不可欠な人材だと認めてもらえるといったことなのです。

会社員の夫も、仕事で成果を上げる、出世して部下を持つ、より大きな仕事を任されるといった「働きがい」がなければ、働く意欲が湧かないはずです。それは妻も同じこと。夫が

「パートなんだから、どこで働いても、どんな仕事に就いても変わりない」といった考えでいると、妻は働く意欲を持てません。「自分だったら働きがいを得られるか」という視点で妻をサポートすればいいのです。

社会人のカンを取り戻すためのリハビリ目的であれば、募集が多くて、すぐに働けるパートでもいいでしょうが、生涯続けることを考えれば、妻自身が「やってみたかった」という仕事に就きたいもの。もちろん、パートで働いているうちに責任を持つ立場となり、それにやりがいを感じるのであれば、そして仕事内容と収入のバランスが取れていて社会保障が充実しているのであれば、それもいいと思います。

第三段階：目標を夫婦で共有する

さていよいよ、最終的な目標を決める第三段階です。夫婦で妻が何をしたいのか、何を最終目標にしたいのかを確認することから始めましょう。

働くのに慣れることから始めるというのであれば、近所の店舗の募集に応募するということでもいいでしょう。コンビニなどは常に人員の募集をしているはずです。体力が必要ですが、宅配便のアルバイトなどにも主婦が増えていると感じます。

実際に配達のアルバイトをしている人に聞いてみたところ、「ご近所の区域の受け持ちになると、宅配荷物を受け取る相手のほうが気まずいようなので、少し遠くの配達区域を受け持たせてもらっている」そうです。利用する側は、近所の人にプライバシーをのぞかれているような気持ちになるのでしょう。そこで、自分が住んでいる区域を外して受け持つことで余計な気を使わずに長く働けるとか。そんな配慮もしつつ、働く先を決めるとよさそうです。

妻のやりたいことが見つからないこともあるでしょう。その場合は、夫が妻の適性を見てアドバイスすることが大切です。自分にどのような適性があるのかは、自分ではわかりにくいものなので、外部の目で見たアドバイスが有効です。

ただ、夫として妻に接する場合、長年一緒にいるという油断から、どうしても対応がぞんざいになったり、必要な言葉を省《はぶ》いたり、小さなことでいらいらしてけんか腰になることも。そうではなくて、会社の新人教育と同じであると心得てください。

相手は〝新人〟なのだから、わからなくて当たり前、戸惑って当たり前。新人に理解できるような話し方、用語の使い方を心がけるべきです。

そして、就職に必要な資料の探し方を具体的にアドバイスしたり、面接突破に必要なテクニックを教えたりすることも必要です。夫は現役の社会人なのですから、自分が面接官になったつもりで、専業主婦であった妻の面接スキルを高める手助けをして、現役に戻るためのレールを敷《し》いてあげましょう。

ある夫は妻に、会社で雇用しているパート主婦の話をしたそうです。パートさん同士の内緒の噂《うわさ》話などは意外に社員の耳に入っていること、評判のいいパートさんは社員の気持ちを汲《く》んで動くけれど、評判の悪いパートさんは自分の都合で動くこと、新人いびりをしたり、お土産のお菓子配りに熱心すぎることなど、やってしまいがちなこと、反対にやったほうがいいことの具体例をアドバイスしたことで、妻も適度な距離感を保ちながら気持ちよく働いているといいます。

資格取得費用は家計の先行投資

資格取得費用は、給付金を使うとしても、ある程度のまとまった金額が必要になります。

それは〝先行投資〟として家計に計上しましょう。妻が働く意欲を持つことは、歓迎すべきこと。夫は、おこづかいや趣味のお金を減らす、家計の貯金から支出する、ボーナスで支払うくらいの度量を見せたいものです。

出費が重なって家計からの支出が難しいのなら、パート収入を資格取得費用に充《あ》てることも考えられますが、パートをして資格取得の資金を貯めてから資格を取るのでは、時間がかかりすぎます。

通信講座は、通学するよりも費用が安く済みます。働きながら、通信で勉強する方法もあります。また通学する場合も、自治体などが行っている講座は安価です。

どのような講座があるのか、女性向けハローワークなどで聞いてみるのもいいでしょう。自分が知らなかった職業を見つけることもあるかもしれません。適性テストなどを無料でしてくれるところもありますので、一度足を運んでみましょう。

将来、自分の店を出したいという希望があるのなら、パートの給料を開業資金として積み立てるという方法もあります。月10万円の給料を3年間積み立てれば360万円になって、カフェの最低開業資金程度は貯まります。そのことは働きがいにもつながります。

すでに技術があったり、資格を取得したりしているのなら、それを生かすことも考えましょう。

たとえば、結婚するまでは美容師として働いていて、復帰する意欲があるというのなら、近所の美容室でカンを取り戻すことも必要でしょう。そのうえで自宅の一部などを使って、美容室を開くことを目標に据《す》えるなどすれば、実現に向けて夫婦で力を合わせることができ、絆《きずな》もさらに深まっていくことでしょう。

目標に合った働き先を決める

将来の起業を想定して、働き先を決めることも重要です。

パティシエを目指すのであれば、修業になりそうな店で働くというように。通勤には少し遠くても、時給が低くても、人気のあるスイーツを提供している店で働き、どのように商品を開発しているのか、収益構造はどうなっているのか、スイーツの店にふさわしい接客はどのようなものなのかを学ぶのです。給料をもらいつつ、お店というスイーツの学校に通っていると思えば、毎日が発見になります。

都内の私鉄駅近くにパンケーキの店を開いた人は、事前に原宿などの人気店でアルバイトをしたそうです。仕事はパンケーキの注文を取って厨房《ちゅうぼう》へ伝え、できあがったパンケーキをテーブルに運ぶというありふれたものでしたが、勉強のつもりで注意深く観察していると、お客様は何人連れが多いのか？　男女の比率や年齢構成は？　混み合う時間帯は？　支払う金額は？　季節ごとの人気のメニューは？　といった重要な情報が見えてきたそうです。

仕事だからパンケーキの注文を取ってテーブルまで運ぶという姿勢でいるのと、情報を得るために細かい点まで見逃さずに学ぼうという姿勢で働くのとでは、得られる情報の量と質がまったく違ってきます。おかげで、貴重な現場のノウハウを持って独立することができたといいます。

働き始めてすぐに深いノウハウが見えてくることはないでしょう。でも自分の店を持つための修業だと思って働いていれば、働きぶりが認められて、より責任ある仕事を任せられるようになるでしょうし、店の内情も見えてきます。そのいい部分は吸収し、悪い部分は反面教師とすることで、自分が店を出す際は価値を高めて、失敗するリスクを抑えることができるようになるのです。

才能を生かす

才能を生かした道へ進むというのであれば、さまざまな方法が考えられます。ある主婦のワイン醸造家は、会社を辞めてフランスに渡り修業をしました。こちらは背水《はいすい》の陣《じん》です。

自分が人生を賭《か》けて打ち込めるテーマは何かと考えたときに、ワインの醸造が見えてきたそうです。そこで、フランスでワイン造りを学ぶと決断し、現地の大学に入学してワイン醸造を学びました。

ネイティブのフランス人ですら資格取得が難しいワイン造りを学ぶだけでも大難関でした。帰国後も、ブドウに適した土地を探し、開墾し、ブドウの木を植えて育て、ワインを造り、販売ルートを探すという苦難の道が待ち受けていました。それでも、ワイン造りは人生を賭けて打ち込めるテーマなのだから、苦にならなかったそうです。

誰でもフランスへ渡る決断ができるわけではないし、夫の理解などそうした条件が整っているわけではありませんが、国内にもワイナリーはあります。とくに日本のワインの発祥《はっしょう》の地である山梨県には約80社のワイナリーがあり、国内の約３割のワインを生産しています。

こうしたワイナリーを手がかりに、醸造家の道を探すという方法もありそうです。

誰にでもできる修業ではありませんし、成功するためには運も必要でしょう。でも最初からあきらめずに、

①実現困難な道があるのなら、代替の方法で夢を実現できないか考える

②資格取得がゴールではなく、スタートラインになると心得る

ことで夢を実現する確率が高まります。

マイクロビジネスで起業する

働き方は人によっていろいろです。

正社員の身分を選ぶのもひとつの選択。それは会社の意向に沿って働くということなの

で、必ずしも好きな仕事ができるというわけではないし、ものごとを自分の判断で決められないことも多々あります。労働時間の拘束《こうそく》もあって、柔軟に行動することが難しくなるでしょう。そのような「不自由さ」と引き替えに、安定した身分と収入を得ることができるのです。

そうではなくて、自分のやりたいことをしてみたいという人もいます。フリーランスのような「手に職」的な仕事ではなくて、小さな事業を手がけたい。ベンチャー企業を立ち上げて、ゆくゆくは上場を目指すというような大きな話ではなくて、個人のお店をやりたい、自分一人で小さな会社を運営したいという、誰でも努力をすれば手が届きそうな〝手頃なサイズ〟の話です。

それでもリスクが伴《ともな》うので、全財産をつぎ込むとか、借金をすることは避けたいですね。そこでまず、専業主婦の妻の起業の手始めとして、「マイクロビジネス」から入ることをおすすめします。

「マイクロビジネス」というのはあまり聞き慣れない言葉ですし、明確な定義があるわけではないのですが、数万円という小資本で行うプチ起業、と理解すればイメージが湧くでしょうか。

たとえば物販であれば、保証金や家賃が必要になる店舗を構えず、インターネットを使った販売を考えるということなどがそうでしょう。簿記《ぼき》ができる、翻訳ができる、デザインができる、イラストが描けるといった資格やスキルがあれば、その能力を〝商材〟にすることもできるでしょう。

「そんな専門的なスキルはない」とあきらめる必要はありません。マイクロビジネスで成功した高校生の例を紹介しましょう。

２００６年ごろ、十和田《とわだ》湖に面した秋田県小坂町で町おこしに関する地域の会合が持たれ、「山菜の販売をしよう」という話がまとまりました。高校生の栗山奈津子《くりやまなつこ》さんは、「でも、山菜の通販はありきたり」と考え、消費者の注文を受けて山菜採りの名人（地域のおばさん、おばあさんたち）に天然の山菜を採ってもらう「天然山菜採り代行サービス」を思いつきました。

この優れたアイデアにより、栗山さんは秋田県の独創的創業支援補助の認定を受けることができ、自宅近くの古家にオフィスを置いて、ネットショップの代表となって運営を始めました。

栗山さんは間もなく大学進学が決まり、代表職を両親に任せていったん仕事を離れます。大学卒業後、営業職を経験して２０１４年に代表に復帰。ネットショップをリニューアルし、「あきた森の宅配便」の「天然山菜採り代行サービス〜山のめぐみを、おすそ分けっ！〜」という、より消費者の購入意欲をかき立てる作りに変えました。

その優れたアイデアと町を活性化させる努力が認められ、環境省が主催する「グッドライフアワード２０１５」で環境大臣賞最優秀賞を受賞しました。栗山さんは地域に貢献《こうけん》するために、「あきた森の宅配便」を成長させようと頑張っています。

たとえばこのアイデアをマイクロビジネスとして行うのなら、ネットショップで消費者の注文を受けて、自分自身で山菜を採って、消費者に発送するという〝一人ショップ〟でいいのではないでしょうか。代金の回収には、商品と引き替えに宅配業者に代金を支払う「代引き」を使えばいいでしょう。

こうしたマイクロビジネスは、昔からありました。江戸時代には出商人《であきんど》と呼ばれる店を持たない人たちが、商品を担《かつ》いで江戸の町を売り歩いていました。天秤棒《てんびんぼう》の前後に野菜や豆腐のかごをくくりつけて売り歩く棒手振《ぼてふり》という仕事は、店に丁稚奉公《でっちぼうこう》をしていないフリーターたちが担っていたそうです。

彼らは売り歩く範囲も、売り歩く時間（豆腐なら朝食の支度《したく》の時間というように）も限られていました。しかし、いまのマイクロビジネスは、ネットショップであれば商圏は全国、販売は24時間なので、ビジネスチャンスは比べものにならないほど大きく広がっています。

プチジョブで稼ぐ

マイクロビジネスを目指すのではなく、自分が持つスキルを生かしたい場合は「プチジョブ」がいいでしょう。

両者の違いは、マイクロビジネスがプチ起業なのに対し、プチジョブは下請《したう》け仕事をするというところにあります。たとえば、翻訳やイラストの仕事などがこれに該当するといえるでしょう。

ここで生じる疑問は、「どうやって翻訳の仕事やイラストを発注してくれる人を見つけるの？」ということでしょう。

もともとフリーランスのイラストレーターとして活躍してきた人であれば、出版社などにツテがあると思いますが、専業主婦になって10年もたってしまい、何もツテがないという人はどうやって……。

イラストレーターであれば、確かに昔は出版社に作品を持ち込んで仕事の発注を頼むという方法が一般的でした。しかし現在は、ネットで仕事の依頼者と受託者をマッチングさせる「クラウドソーシング」という仕組みがあります。

「アウトソーシング」という言葉を聞いたことがあるのではないでしょうか。企業が外部の決まった業者に作業を委託する仕組みです。工場のもの作りの一部を外部に委託するケースも多いのですが、中には、営業業務と違って利益を生まない経理業務をアウトソーシングすることで会社の経費を削減する試みが行われています。

それに対して「クラウドソーシング」というのは、不特定多数の人に作業を委託する仕組みです。発注・納品はインターネットを通じて行われるので、国内のどこにいても（海外在住者でも）仕事の発注・受注ができます。

不特定多数の人に作業を委託したいというニーズが広がるにつれ、多種多様な仕事と労働者をマッチングさせるハブ（拠点）も必要になり、この役割を担うサービスも登場しています。そのひとつが、アメリカのＡｍａｚｏｎの「アマゾンメカニカルターク」（Amazon Mechanical Turk）。このジョブマッチングの仕組みは、次のようなものです。

まず依頼者が「アマゾンメカニカルターク」に登録している受託者に仕事を発注します。約束通りのタスクを実行したら、当初決めた報酬に加えて、アマゾン側に10％のコミッションを支払います。いまはまだアメリカ国内に向けてのサービスですし、業務内容も限られますが、いずれより多くの人が利用できるサービスになっていくでしょう。

実は同じようなサービスは、すでに日本にもあります。日本最大級のクラウドソーシングをうたう「ランサーズ」という会社は、スキルを持つ人と、仕事を依頼したい企業をマッチングする仕事依頼サイトを公開しています。匿名《とくめい》発注、匿名受注が原則なので、ランサーズが間に入って報酬の支払いの保証をして、報酬が確定するとシステム利用手数料として5～20％受け取るという仕組みです。

クラウドソーシングはこづかい稼《かせ》ぎにも適していて、Ｙａｈｏｏ！Ｊａｐａｎユーザーに向けた「Ｙａｈｏｏ！クラウドソーシング」というサイトもあります。名刺作成の仕事を例に取れば、「名刺のデザイン制作」というスキルのある人向けの仕事から、名刺の文字を入力するというようなスキル不要の仕事まで用意されています。

とはいえ稼ぐためには、最低でも1時間３０００字程度の文字入力スピードがなければ数をこなせません。納期が厳しい仕事では徹夜覚悟《かくご》になるので、受注は欲張らず、自分の入力能力に見合った範囲にしておきましょう。初めてで自信がないというのなら、ハードルの低い入力仕事から始めるといいでしょう。

「Ｙａｈｏｏ！クラウドソーシング」には、エクセルに20件だけ入力するというようなゆるい仕事がありました。1件につき7円の支払いなので、20件で１４０円です。

これをばかばかしいなんて思わず、発想を転換させて楽しんでいる人がいます。その人は、コンビニで飲み物を買いたいと思ったとき、こうした仕事を受けています。20件打ち込むだけで財布の中の１４０円を減らさずに済むので、おこづかい稼ぎにちょうどいいのだそうです。

社会に出て5～6年で結婚退職して、その後10年ほど専業主婦をしているという妻が、いきなりやりたい仕事に就くことができて、第一線でバリバリ働くというケースは稀《まれ》です。まずはウォーミングアップのつもりでプチジョブを、そして、いいアイデアが見つかったらマイクロビジネスに挑戦してみてはいかがでしょう。

この章でお伝えしたかったこと

- どんな職業でも、意欲があればチャレンジする。
- 資格を取得する必要があるのなら、家計のお金で支援する。給付金を利用すれば出費を抑えることができる。
- ネットを活用することで、時間や距離の壁を越えた仕事ができるようになる。
- プチジョブ、マイクロビジネスから始めて、仕事のスキルを身につけたり、仕事のカンを取り戻したりする。

第4章　家庭のタイプ別、理想の働き方

反対する人にはプレゼンで説得

ここまでの復習です。

①専業主婦の妻が働きに出ることが家計強化につながり、給料が増えない時代には必須である

②働きに出ると聞くとパートを想像しがちで、配偶者控除や社会保険料負担を避けるために「壁」を意識しながら働く例が多いが、攻めの思考に切り替えて、正社員や起業を目指そう

簡潔にまとめると、こんな話をしてきました。

わかっていても毎日の生活に追われて時間だけが過ぎていく、何をどうすればいいのかわからないので動けない、まだまだそうした人も多いはず。資格取得のために大事なお金を使ってしまって、本当に元が取れるのかと、目の前の損得だけを見てしまうこともあるでしょ

う。

専業主婦が実際に働き出すまでには、多くの障害が待っていると思います。世間一般の夫の中には、いまだに主婦の妻が「働きたい」と願っても、「家庭を守るべき」と主張して譲らない人がいます。あるいは、舅《しゅうと》や姑《しゅうとめ》、実家の両親が同じようなことを言うこともあります。

なぜ、妻が働きに出ることを許さない夫や姑らがいるのでしょう。「妻を働かせるなんて、男のメンツが立たない」と考える夫は、さすがにいまの時代、少なくなっています。それよりもむしろ、妻が働いてもたいした収入にはならない、そうであれば家庭をしっかり守ってほしいという気持ちから反対することが多いのではないでしょうか。あるいは、嫁に働きに出られて、育児を丸投げされては困ると危惧《きぐ》する姑もいるでしょう。

一方で、妻が収入をより多く得ようとしないのは、「壁」を意識して働いているか、フルタイムで働ける仕事に就《つ》いていないかのどちらかといえるでしょう。

後者の問題が大きいならば、会社で行われる経営会議のように、フルタイムで働くことによって家計がこんなに改善されると「プレゼン」をすれば、妻は納得するのではないでしょうか。数字を見せて具体的な事例をあげて話すことで、説得効果は高まります。家計簿と、できれば「前月比」で増減した部分を示し、その理由を明らかにして、対策を相談するというイメージです。

表計算ソフトのエクセルやプレゼンソフトのパワーポイントを使って、会社の決算報告のように、現状と将来想定できる状況を表やグラフで示せば、説得力はさらに高まります。

逆に、夫などが反対者の場合は、妻が夫に対し、プレゼンをするのです。

サポートはどんどん活用していい

専業主婦が実際に働きに出るにあたっては、育児や家事の手を抜いたあげく、義父母や実家を頼ることになるのではないかという危惧を抱きがち。夫は全面的に協力することを妻に伝えましょう。また、保育施設などに預ける準備ができていることなどを確認しましょう。

それに、夫婦が目標を持って行動していることを義父母や実家に伝えるのはとても大切です。保育園に預けたとしても、保育中に子どもが熱を出せば、園側から引き取りをお願いされます。そうしたときに義父母や実家の理解があり、協力を得られれば、非常に心強いことは言うまでもありません。

むろん、頼れる義父母や実家が近くにないときは、妻や夫が早退して対応するか、ヘルパーさんやシッターさんに頼むことになります。これは、なかなかたいへんです。

そうした夫婦は、とにかく使えるサポートをどんどん利用しましょう。たとえば、自治体の子育て支援事業（ファミリー・サポート）の利用を想定しておき、事前に申し込むといった準備をしておきましょう。

ファミリー・サポートは、保育施設など（保育園、子ども園、幼稚園、小学校および学童クラブなど）の開始時間まで子どもを預かる、保育施設などの終了時間後に子どもを預かる、保育施設などまでの送迎を行う、保育施設などの休業日に子どもを預かる、買い物など外出の際に子どもを預かる、といった支援が受けられます。料金は1時間800円程度（東京都の場合）から。詳《くわ》しいことは、地元の社会福祉協議会に相談してみてください。

市区町村社会福祉協議会（市区町村社協）は、地域のボランティアと協力し、高齢者や障害者、子育て中の親子が気軽に集える「サロン活動」を進めたり、ボランティア活動に関する相談や活動先の紹介をしています。また、小中高校における福祉教育への支援など、地域の福祉活動の拠点となったりしています。

地域のシルバー人材センターでも、保育園・幼稚園・学童の送迎、保育園・幼稚園・学童終了後に利用者の家で見守り、稽古《けいこ》ごとの付き添いといった子どもの世話や家事手伝いなどを頼むことができます。

また、料金は高くなりますが、民間のヘルパーサービスやキッズシッターの利用も想定しておきましょう。熱を出した子どもを、看護師資格を持つシッターさんが病院へ連れて行ってくれるといった、きめ細かいサービスなどが利用できます。

働きたがらない妻の心理分析

夫が妻に働きに出るように頼んでも、実際には妻がなかなか腰を上げないという、「入り口」の部分で止まっている家庭も多いでしょう。

たとえば、20歳前後で就職して20代後半で結婚退職、以後、10年間専業主婦を続けている。その場合、働いていた期間よりも、休んでいる期間（会社員や自営で働くことを「休んでいる」という意味です）のほうが長くなっていますから、なかなか気持ちが〝仕事モード〟に切り替わらなくても当たり前でしょう。しかも、妻を取り巻く環境、いうなれば「環境のタイプ」によって、気の持ちようも違ってきます。

取り巻く環境は、大きく５つのタイプに分けることができます。どういう状況にあるかで、働くことへの気力も違ってきます。このことがわかっていないと、いくら夫が妻を説得して働きに出てもらっても、不満を持ちながら働くことになり、モチベーションが低下して会社勤めが長く続かない、パートに戻ってしまう、起業した会社や店を放り出すといった悪い方向へむかう、といったことになりがちです。

主婦である妻は主に、次の５つのどれかの状況にあります。

①専業主婦＋子育て中
②専業主婦＋子育てほぼ終了
③専業主婦＋パート・アルバイト＋子育て中
④正社員＋子育て中
⑤正社員＋子育てほぼ終了

まず、④に関しては、子どもが生まれたばかりなら育児休暇を取得しているはずで、それが終われば会社に戻ることになるでしょう。妻が以前のポジション、または、異動したとしても望むポジションに就ければいいのですが、そうでない場合は、子どもを保育園に預けながら、意に沿わない仕事をすることになるので相当なストレスになると思います。

そのため、夫のフォローが絶対に欠かせません。保育園の送り迎えや家事の分担はもちろん、精神的に支えて〝逆境〟を乗り越え、正社員の座にとどまってもらうべきです。

⑤のケースでは、子育てを気にせずに時間を使ってバリバリ働ける環境にあるので、家事の分担は当然するとしても、悩みは夫自身と変わらないと思います。つまり、職場の人間関係、上司・部下との関係、出世（単純に肩書の話にとどまらず、任される仕事の範囲や内容も含む）、給料、休暇といったことがらです。

でも、夫から見れば、この手の問題の解決は難しくないはずです。何が問題なのかが想像できるし、自分自身の経験を生かしたアドバイスをすることもできます。ただし、言葉遣いには要注意。相手が妻の場合、つい、ぞんざいな口調になったり、上から目線になったりしがちですが、そうした態度は慎《つつし》み、あくまでも仕事のパートナーの相談に乗るという姿勢で接してください。

夫をＡＴＭと見なす妻をどうする

夫がいちばん困るのは、②のケースです。

①は子育てが優先するので、なかなか本格的に働くことができません。子どもが小さければ、家の中で子どもの様子を見ながらできる仕事を探すしかありません。たとえば、語学力があるから翻訳の仕事を請《う》け負《お》うといったように、これまで身につけたスキルを生かし、家の中でできる仕事を探すようにし、夫はそれを手伝えばいいのです。

③は、子どもがある程度大きくなっているので、パートやアルバイトができます。妻自身も、外で働くことにある程度慣れているかもしれません。パートの仕事が面白ければ、もっと本格的なことを目指すことで収入も地位も上がっていきます。しかし、そこに正社員の道が開けていないのなら、お話ししてきたように資格を取得するなどして、次の仕事を探しましょう。パートはあくまでも「ウォーミングアップ」と捉《とら》えましょう。

こうして残るのが、②のケースなのです。

子育てが終わっているのに、社会へ出ていかない（直截的な表現では「働こうとしない」）のはなぜなのか。夫は、妻の本心を聞き出さなければ次の段階へ進めません。

誤解のないように言っておきますが、専業主婦の仕事は楽ではありません。手を抜かずに夫のため、子どものため、家庭をしっかり守って家事などを行っていくことは、手間も時間もかかり、けっこうな肉体労働でもあります。

そのため、「専業主婦の仕事を給料に換算するといくらになるのか」という議論もよく行われます。月給40万円相当という試算もあるようですが、手抜きをせずに家事を行っているのか、手抜きだらけの家事なのかによって〝月給〟は変わってくるでしょう。

ここで考えたいのは、手抜きの専業主婦のケースです。なぜ手抜きなのか。本当は家事が好きでも得意でもなく、「仕事に出たい」と思っていて手抜きになるのであれば、仕事に出られるような道筋を作る必要があります。その方法は第2章で紹介しています。

家事は嫌。外で働くのも嫌。これがいちばん困ります。夫をATMと見なしている妻の場合、働くように説得するのはなかなか困難です。ニートの子どもを学校に行かせたり、就職させるのがたいへんなように、ニート化した妻を社会に送り出すことは難しい。
妻が働きたくない本当の気持ちを話せるように、夫が解《と》きほぐしていくしかありません。

妻のタイプ別対処法

働く意欲には、「年齢」が密接に関わっていることが多くあります。
妻の年齢分けは、子どもを産む時期にもよるのですが、大雑把《おおざっぱ》にこうしておきましょう。

Ⓐ専業主婦、20代〜30代前半
Ⓑ専業主婦、30代後半〜40代
Ⓒ正社員、20代〜30代前半
Ⓓ正社員、30代後半〜40代

それぞれの気持ちはこうです。

Ⓐ「子どもが小学校卒業ぐらいまでは一緒にいたいので、いまは働きたくない」
Ⓑ「子どもに手がかからなくなり、自由な時間があるので、自由に使えるお金がほしい」
Ⓒ「仕事と子育てで忙しすぎて自分の時間が欲しい。一方で、仕事自体はあまり面白くない」
Ⓓ「社員だから安定しているけれど、自分の時間が自由にならない。会社からキャリアアップを求められている。子育ても終わりなので、働きがいのある仕事ができる会社に転職したい」

年齢によるタイプ分けを、妻の現状と重ね合わせると次のようになります。

Ⓐ→①専業主婦＋子育て中、③専業主婦＋パート・アルバイト＋子育て中
Ⓑ→②専業主婦＋子育てほぼ終了
Ⓒ→④正社員＋子育て中
Ⓓ→⑤正社員＋子育てほぼ終了

図表15　「妻の現状」を正しく把握しよう

	①専業主婦＋子育て中	②専業主婦＋子育てほぼ終了	③専業主婦＋パート・アルバイト＋子育て中	④正社員＋子育て中	⑤正社員＋子育てほぼ終了
Ⓐ 専業主婦、20代〜30代前半	Ⓐ－①		Ⓐ－③		
Ⓑ 専業主婦、30代後半〜40代		Ⓑ－②			
Ⓒ 正社員、20代〜30代前半				Ⓒ－④	
Ⓓ 正社員、30代後半〜40代					Ⓓ－⑤

これらを、わかりやすくなるように図表15にまとめます。分類が終わったところで、対処法を考えていきましょう。

▼専業主婦【Ⓐ－①】【Ⓐ－③】【Ⓑ－②】

いずれも「専業主婦」であるこの3つのカテゴリーにある妻がすべきことは、「働くための準備」をスタートさせることです。

そこには「働かない」という選択肢はありません。冒頭でもお話ししたように、専業主婦という立場は戦後の高度成長期に、企業戦士の夫を支えるために作られたものであって、夫が企業戦士でなくなったいまは、もはや消えていく方向にあるのです。

この3タイプは、年代ごとにさらに次のようなポイントを考慮することが必要です。

▼30代前半までの専業主婦【Ⓐ－①】【Ⓐ－③】

子どもの年齢にもよりますが、20代の若い妻の場合、会社を辞めてからの時間が短く、働くカンを保っている可能性が高いので、比較的幅広い仕事を対象にして就職活動ができるでしょう。パソコンスキルも最新のものを身につけているでしょうし、スキルアップ講座にも抵抗なく通えるでしょう。

このカテゴリーにある方は、すでにパートやアルバイトに出ているのなら、そこをスキルを磨《みが》く場として活用してみてはいかがでしょう。スーパーのレジが担当であれば、毎日何百人というたくさんのお客様を相手に接客スキルを磨いていると思えばいいのです。一人ひとりの接客時間は短いのですが、マニュアルを少しだけ踏《ふ》み出した（踏み出しすぎるとクレームにつながってしまう）心のこもった接客をする、お客様の顔を覚える訓練をするなど、自分で工夫することで、時給をもらいながら接客の勉強もできるというわけです。

商品の品出しが担当であれば、どのような商品が売れているのか、商品の仕入れや保管、陳列はどうしているのかといったことを学ぶことができます。競争が激しい業界のひとつであるスーパーの秘密を内側から見ることができるのは、見方によっては非常に貴重な機会です。お客の立場ではわからない「売る仕組み」が理解できるはずです。

どのような仕事であっても、学ぶことがあるし、それは今後、正社員として就職をしたり、独立して事業などを行ったりするときに役立つはずです。

▼30代後半以降の専業主婦【Ⓑ－②】

専業主婦業の時期が長くなればなるほど、働くことに心理的な抵抗が生じるものです。ふだん働いている人でさえ、年末年始のような長い休暇を満喫《まんきつ》してしまい、休み明けに出社するのがおっくうになった経験があるはずです。その強力版といった感じでしょうか。

それでも外へ出ていく社交的、積極的な妻も多いでしょうが、中には性格的に内向きになりがちで、働きに出ることをためらう妻もいると思います。それは個性でもあるので、仕方のないこと。

接客が苦手な人に「スーパーで働く」「ファミレスに応募する」「テレアポをする」というのは酷《こく》です。そういう個性を踏まえたうえで、なお、やれる仕事は必ずあります。たとえば、ネットを使ったビジネス（販売、デザイン、翻訳、入力作業など）であれば、メールのやりとりが中心になるし、対応する相手も限られるので、働く気持ちになりやすいのではないでしょうか。

どんな仕事があるのか、ビジネスの最前線で働く夫が情報を提供する姿勢が必要です。

▼20代～30代前半の正社員で、子育て中【Ⓒ－④】

このカテゴリーに当てはまる家庭では、夫が協力して、妻が仕事に打ち込めてキャリアアップも図《はか》れるような環境を作るようにしましょう。

子どもが小さいうちは、なにかと早退したり、同僚に仕事を替わってもらったりすることが多くなりますから、会社で肩身の狭《せま》い思いをしているはず。会社員の夫であれば、自社で働いている子育て中の女性の姿を重ね合わせて、妻の思いを汲《く》み取るようにしましょう。そしてどのような支援が必要なのか、具体的に想像するようにしてください。

先に取り上げたさまざまなサポートの活用は、妻が集中して仕事に取り組める環境を作るために、第一に考えるべきことでしょう。

▼正社員で子育てほぼ終了【Ⓓ－⑤】

最後のカテゴリーでは、とくに40代後半以降に悩みを抱えがちです。

「退職して自由に過ごすことも考えているが、退職金や年金などが心配。でも、店を開くなど自分のやりたいことを実現するには、いまが最後のチャンスかもしれない」

そんな気持ちになる人が多いはずです。このカテゴリーは、妻の夢を実現させるために夫婦で方向性を話し合うことが重要です。

なぜ、そんなにも妻の意向を尊重しなければならないのかと不快に思う夫もいるでしょう。しかし、この問題は、実は妻に限ったものではないのです。

この年代の妻を持つ夫は、自身の定年退職も見えてきているはずです。「退職後、あなたは何をするつもりですか？」「何ができるのですか？」と問われたとき、答えられる〝何か〟を持っているでしょうか。

夫がまだ一線で働けるうちに、妻に「その先の準備」を進めてもらうことは、退職後、ひいては老後の生活の安定を図ることにつながります。

「忙しさ」の中身が変わった夫

最後のカテゴリーの対処法については、「いや自分（または夫）に、そんな時間はない。自分（夫）は早朝出勤して夜遅くまで働いている」と反論したくなる主婦も多いと思います。それはその通りなのですが、同時に、昔と現在とでは会社の姿勢が異なっていることについても考えておく必要があります。

かつてのように、夫が企業戦士で、妻は家庭を守る専業主婦として一生を終えられた時代は、夫は働けば働くほど出世をして、給料が上がることが保証されていました。長時間残業、休日出勤には手当が加算されました。定年を迎えればしっかり退職金が出て、年金も支払った金額に対し大きくプラスになりました。妻が専業主婦を全うしたとしても、十分に一家の生活が成り立ったのです。

ところが、いまはどうでしょう。長時間労働を強《し》いる会社で働くことと、給料が上がっていくことがイコールで結ばれているでしょうか。

「ブラック企業」と呼ばれる会社で顕著《けんちょ》ですが、長時間労働を強いるけれど残業代を支払わないとか、過労死寸前、精神的に壊《こわ》れる寸前まで追い込まれるとか、出世をしても権限を持たされない〝名ばかり管理職〟〝名ばかり店長〟止まりとか、そんな職場環境があちらこちらに見られます。

その真逆の会社では、派遣労働者や契約社員に仕事の一部を任せて、正社員には残業をさせないということが起こっています。一見したところ、なんだかとてもよい「ホワイト企業」のようですが、その代わり給料は上げないし、年齢が高くなればリストラの対象にするということも当たり前のように行われています。

高度成長時代の専業主婦と現在の専業主婦が、「夫は早朝出勤して、夜遅くまで働いている」という同じ台詞《せりふ》を口にしたとしても、〝その背景〟がまったく違うことがわかると思います。だからこそ、「夫は早朝出勤して夜遅くまで働いている」のであれば、妻は専業主婦という立場を捨てて、夫の不在のあいだに働きに出るのもいいでしょう。

夫の目線では、「自分だけが働いて家計を支えている」という気持ちを捨てて、妻にも働いてもらうことを考えましょう。多くの人は気がついていないと思いますが、もう自分一人ではどうにもならないところまで、夫は追い込まれているのです。

ただし、妻にも同じように働いてもらうのだから、家事の分担は平等に行わなければなりません。家事には得意不得意もあるでしょうから、夫婦で話し合って、どちらかが不公平感を抱かないような役割分担を決めてください。そして役割を必ず守ってください。

とくに男性は「仕事が忙しい」を免罪符《めんざいふ》にしがちですが、これからは妻だって「仕事が忙しい」のですから、家事も仕事の一部と心得て、サボることのないように努めなければなりません。

経済的な解決策は3つ

夫と妻の働き方で、収入を重視した解決策は、３つのタイプに絞《しぼ》り込めます。

①夫婦ともに正社員
②夫自営業＋妻正社員

③夫正社員＋妻自営業

①夫婦ともに正社員

夫婦ともに正社員は、夫が正社員として働いているとして、妻も正社員の就職口を探して働くということです。すでにお話ししたように、大企業の正社員になるのは、よほどの人材でない限り難しいので、まずは近くの中小企業への就職を目指しましょう。

メリットとしては、正社員はなにより収入が安定していることが大きいといえます。毎月定期的な収入が確実に見込めます。夫婦ともに正社員で働いていれば、住宅ローンも組みやすく、返済も計画的にできるでしょう。

社会保障が充実しているのも正社員のメリットです。自営業の加入が義務づけられている公的年金は国民年金のみですが、正社員であれば厚生年金が上乗せされます。

業務外の病気やケガで療養するときは、健康保険から「傷病手当金」が一日につき、標準報酬日額の３分の２に相当する金額が支払われます。また、業務上や通勤途上での病気やケガは労働者災害補償保険の給付対象になります。有給休暇、育児休業の取得もできます。

一方、デメリットとしては、リストラや定年があり、働ける年齢を自分で決められないこと、会社に拘束《こうそく》されている時間が長いことなどがあげられます。

また、専業主婦からの就職では、自分が希望する職種が見つかるかどうかという問題がありますし、中小企業に就職した場合、大手に比べて労働条件が劣《おと》ることもあるでしょう。その代わり、規模が小さい分、自分の働きが会社に貢献《こうけん》しているという実感を得られやすいかもしれません。

人間関係が濃い傾向にあるため、上手に関係を作れれば職場にもなじみやすいはずです。仕事復帰の第一歩として、積極的に中小企業の仕事を探すという姿勢でもよさそうです。

ハローワークへ行くと、本書で書いてきた実態がよくわかりますが、大企業の求人はほとんどなく、ほぼすべてが地域の中小企業（病院や商店なども含む）による募集です。それは逆に、自分が働く会社の情報を得やすい、ということでもあります。近所に知り合いがいれば口コミが期待できるし、応募前に会社を見にいくこともできるでしょう。商店であれば買い物をしてみればいいし、会社であれば昼休みに従業員がどのような行動を取っているのか、そんな観察をするだけでも会社の雰囲気はわかるものです。

②夫自営業＋妻正社員

この組み合わせは、夫が自営業のため、収入が不安定になる不安があるものの、夫の頑張り次第では高収入を目指すこともできます。自営業ならではの税金優遇を受けることができますから、家計の経費削減につながる可能性もあります。定年（仕事をやめるタイミング）を自分で決められるところもメリットといえるでしょう。ただし、社会保障については自助努力を求められます。

収入が不安定なところを正社員の妻がカバーすることで、この組み合わせの家計はかなり安定するでしょう。

なお、経済的な解決策の3つのタイプに「夫自営業＋妻自営業」が含まれないのは、夫婦で店を切り盛りするというようなケースでは、店の売り上げが落ちると直《ただ》ちに家計収入も落ちてしまうリスクがあるためです。第1章で見たように、江戸時代のような「銘々稼《めいめいかせ》ぎ」によって、夫が高収入を目指し、妻は安定収入を得るというかたちを実現することがリスク分散にもなるでしょう。

③夫正社員＋妻自営業

夫は現状通り正社員として安定収入を得つつ、妻は正社員以外の好きな仕事に就くという組み合わせです。たとえば、妻は若いころからの念願だったスイーツの店を始める、というようなイメージです。

この組み合わせのメリットは、「妻が積極的に働くようになる」ということです。「夢」を実現するのですから、どんなに長時間労働になろうとも苦痛ではないはずですし、半端《はんぱ》に仕事を投げ出すこともないでしょう。

その代わり大きなリスクがあります。起業や店の開店では、かなり大きな資金が必要になるということです。

できる限り金融機関からの借り入れは避けて、自己資金でまかなうようにしましょう。しかし、融資が必要な場合は、日本政策金融公庫を利用するのもいいでしょう。女性の小口創業を支援するため、特例として、新創業融資制度が拡充されています。貸付限度額３００万円以内に限って、経験や雇用などの要件を撤廃する特例が設けられているものです。創業資金総額の10分の1以上の自己資金が必要ですが、30万円は用意できるのではないでしょうか。

親世代が裕福であれば、当初は資金を貸してもらうという方法もあるでしょう。この場合、相手が親であっても、しっかりとしたプレゼンを行うことが重要です。

親世代を、株主や出資を検討しているファンドと見立てて、プレゼン資料を作り、想定問答集を用意する。プレゼンのシミュレーションを繰り返す。そういう作業を行うことで説得力が生まれることはもちろんなのですが、それ以上に、自分たちのプランの弱点が見えてくることが狙《ねら》いです。

最初のうちはどうしても甘い計画を立てがちです。しかし株主やファンドの厳しい目にさらされることを想定していれば、現実に沿ったプランに練《ね》り上げられるでしょう。そこが本当の狙いなのです。

私の場合は、「③夫正社員＋妻自営業」に当てはまります。結婚当初、夫は公務員、私は専業主婦でした。先に見たカテゴリーでは【Ⓐ-①】〈専業主婦の20代〜30代前半〉＋〈専業主婦＋子育て中〉でした。しかし資格を取得することにより、「③夫正社員＋妻自営業」という形態に変わっていったのです。

妻自営業という私の場合は、子どもの成長に合わせて、事業の展開を図ることができると考えていました。

まず、社会保険労務士の資格取得と事務所開設は、子どもが幼稚園に上がってからと考え、実行しています。子どもに手がかかり、いちばん可愛い時期を一緒に過ごすための計画でした。

次に、ファイナンシャル・プランナーの上級資格であるCFP登録は、子どもの中学受験が終わったあとです。子どもには、受験勉強より自分の好きなことをしてもらいたいと思い、大学受験に焦点を合わさず、中学受験に絞って、大学まで進学できる私立を選択しました。小学校5～6年生のときは、受験勉強にできる限りつきあってきました。無事に志望の中学に合格し、大学受験を回避できたことは正解であったと思えます。

そして、子どもが高校にあがり、ほとんど手がかからなくなった時点で、東京に事務所を構えました。東京での仕事が安定するまで数年を要したのですが、仕事の量と質ともに充実し、それが収入増につながっていきました。家族がともに過ごす時間はさすがに減りましたが、それでも、家族それぞれが充実した時間を持つことができたと思っています。

自営業の種類によっては、時間や事業展開など自分の都合で決めることができない場合もあるでしょう。それでも、正社員の人よりは、時間的には自由になると思います。私のように、夫が公務員で転勤がほとんどなく定年まで働けるのなら、妻は自由な選択が許されるわけですから、思い切って信じる方向にトライするべきです。とくに、社長になれる素養がある「妻」には、トライすることをすすめたいと思います。

これは本人にもわからないものですが、意外と社長に適した女性は多いのではないかと思っています。

いずれにしても、夫との共同作業になるわけですから、いつでも夫婦でなんでもよく話し合うことが大切でしょう。コミュニケーション不足で、夫婦間に少しでも亀裂《きれつ》ができると、その修復に要する時間は途方《とほう》もなく、心理的なダメージは尾を引いてしまいます。

本書でお伝えしたかったこと

●専業主婦が働くことにより、家計が改善される。

●専業主婦が正社員の職に就くことにより、老後（年金）の収入が多くなる。

●専業主婦が好きな仕事を始めることで、収入が増えるだけでなく、生きがいを感じながら働くことができるようになる。

●そしてなによりも、生き生きと働く妻の姿を見ることができる。それが夫の最高の幸せだと思いませんか。

井戸美枝

神戸市生まれ。関西大学社会学部卒業。社会保険労務士、ファイナンシャル・プランナー(CFP®認定者)。2013年10月からは厚生労働省社会保障審議会企業年金部会委員も務めている。講演、雑誌・書籍への寄稿、テレビ・ラジオへの出演などを通じて、資産運用、ライフプランについてわかりやすいアドバイスをし、好評を博している。経済エッセイストとしても活動し、「人生の真髄はシンプルライフにある」と信じる。

著書には『行列のできる人気セミナー講師が書いた世界一やさしい年金の本』(東洋経済新報社)、『知らないと損をする 国からもらえるお金の本』(角川新書)、共著書には『家庭の医療費をかしこく節約する77の方法』(PHP研究所)などがある。

講談社+α《プラスアルファ》新書 703-1 D

専業主《せんぎょうしゅ》婦《ふ》で儲《もう》ける!

サラリーマン家計を破綻から救う世界一シンプルな方法

井《い》戸《ど》美《み》枝《え》

2015年8月20日第1刷発行

発行者——— **鈴木 哲**

発行所——— **株式会社 講談社**
東京都文京区音羽2-12-21 〒112-8001
電話 出版(03)5395-3532
販売(03)5395-4415
業務(03)5395-3615

写真——— **講談社写真部(市川守)**

デザイン——— **鈴木成一デザイン室**

カバー印刷——— **共同印刷株式会社**

印刷——— **慶昌堂印刷株式会社**

製本——— **牧製本印刷株式会社**

本文データ制作——— **講談社デジタル製作部**

本文図版——— **朝日メディアインターナショナル株式会社**

定価はカバーに表示してあります。

落丁本・乱丁本は購入書店名を明記のうえ、小社業務あてにお送りください。

送料は小社負担にてお取り替えします。

なお、この本の内容についてのお問い合わせは第一事業局企画部「+α新書」あてにお願いいたします。

Printed in Japan
ISBN978-4-06-272907-9